W0085513

Clemens Sedmak
hoffentlich.

CLEMENS SEDMAK

hoffentlich.

Gespräche
in der Krise

Tyrolia-Verlag · Innsbruck-Wien

Nachhaltige Produktion ist uns ein Anliegen; wir möchten die Belastung unserer Mitwelt so gering wie möglich halten. Über unsere Druckereien garantieren wir ein hohes Maß an Umweltverträglichkeit: Wir lassen ausschließlich auf FSC®-Papieren aus verantwortungsvollen Quellen drucken und verwenden Farben auf Pflanzenölbasis. Wir produzieren in Österreich und im nahen europäischen Ausland, auf Produktionen in Fernost verzichten wir ganz.

Mitglied der Verlagsgruppe „engagement"

© 2020 Verlagsanstalt Tyrolia, Innsbruck
Umschlaggestaltung: stadthaus 38, Innsbruck
Layout und digitale Gestaltung: Tyrolia-Verlag, Innsbruck
Druck und Bindung: FINIDR, Tschechien
ISBN 978-3-7022-3885-8 (gedrucktes Buch)
ISBN 978-3-7022-3886-5 (E-Book)
E-Mail: buchverlag@tyrolia.at
Internet: www.tyrolia-verlag.at

Inhalt

Vorwort

In einer Krise haben wir nicht selten das Bedürfnis, mit jemandem zu reden. Ich habe Gespräche gesucht und fühlte mich dadurch weniger allein. Die in diesem schmalen Band versammelten Gespräche sind fiktiv – sie haben so nicht stattgefunden. Es mögen auch Selbstgespräche dabei sein, Gespräche, die ich mit mir auf Spaziergängen geführt habe. Es sind aber auch Elemente von Dialogen dabei, die ich erlebt habe. Unser Denken ist immer auch Produkt der Gespräche, die wir führen.

In der Krise wollen wir nicht allein sein, schon gar nicht: allein gelassen sein. Das gute Gespräch ist wie eine Brücke, die vor dem Abgrund bewahrt – oder einfach davor, in einen Bach zu fallen und sich zu erkälten. Die Gespräche, die ich hier zusammengetragen habe, sind Beispiele für viele weitere Gespräche, die wir führen können, ja sollen.

Denn der Stillstand und die Verlangsamung, die uns das Jahr 2020 aufgezwungen hat, laden ein, stehen zu bleiben, nachzudenken, ins Gespräch zu kommen. Darin liegt auch eine – teuer und schmerzlich erkaufte – Freiheit. John Locke hat einmal sinngemäß gesagt, dass die Freiheit des Menschen darin besteht, innezuhalten und sich den nächsten Schritt zu überlegen.

Wir haben eine neue Freiheit: die Freiheit nachzudenken. Und wir haben eine neue Verantwortung: die Verantwortung, achtsam zu sein. Die Zeiten der harmlosen Gedankenlosigkeit scheinen vorbei. Gedankenlosigkeit ist leidvoll geworden.

Die Krise im Jahr 2020 hat uns hart und unvorbereitet getroffen. Wir hatten uns als Passagiere auf dem Schiff Erde darauf eingerichtet, so weitermachen zu können wie bisher– schnell von einem Ort zum anderen zu kommen, viel zu sehen, viel zu tun, viel herzustellen, viel zu konsumieren. Es war kein Sättigungspunkt eingebaut, kein Punkt, an dem wir hätten sagen können: Es ist genug.

Die Krise wurde durch ein winziges Virus ausgelöst – das Coronavirus, das zur Lungenerkrankung Covid-19 führen kann, hat die Weltwirtschaft und das gesellschaftliche Leben lahmgelegt. Wir finden uns in einer neuen Situation, die wir versuchen zu verstehen.

Dieses Buch will ein Beitrag zu dieser Verstehensarbeit sein. Es ist kein Trostbuch, das vormachen will, dass alles halb so schlimm ist, und es ist kein Rezeptbuch, das ein Programm zum guten Leben in wenigen Schritten verspricht. Es ist ein Hoffentlichkeitsbuch.

Ich habe das Buch „hoffentlich." genannt. Das soll ausdrücken, dass wir die Hoffnung nicht als festen Gegenstand in der Hand haben, sondern als Sehnsuchtskraft spüren. Ein Satz, der mich in schweren und nun auch diesen Zeiten begleitet, stammt von meiner Schwiegermutter. Sie hat vieles mitgemacht, die Kriegsjahre als Kind und die frühen Nachkriegsjahre als Jugendliche. „Und es ist immer wieder weitergegangen", hat sie einmal zu mir gesagt.

Es wird weitergehen. Ganz hoffentlich.

Schwellenwege und Widerwachsen

Der Wortschöpfer ist beim Malen. Hingebungsvoll fährt er mit dem Pinsel über die Leinwand. Eine Farbexplosion mit Konturen. Ich glaube, Menschen zu erkennen, die der Sonne entgegengehen.

Wir brauchen neue Worte, sagt der Wortschöpfer und wendet sich mir zu.

Das sagst du doch immer, das ist doch dein Leben, erwidere ich.

Eine Krise ist wie ein neues Land. Da müssen wir eine neue Sprache lernen. Wir sind im Exil, da heißt es, sich neue Wörter anzueignen, eine neue Grammatik.

Begriffe drücken das aus, was uns im Leben wichtig ist, denke ich mir. Es ist bezeichnend, dass wir für bestimmte Erfahrungen kein Wort haben. Wir haben Wortlücken. Wortlücken sind aufschlussreich wie Zahnlücken. Zahnlücken geben einen tieferen Einblick in den Mund eines Menschen; sie deuten eine Leerstelle an, gerade dann, wenn sich das schwarze Loch zwischen zwei weißen Zähnen befindet. Zahnlücken sind Träger von Botschaften – Wachstum, Schlägerei, zahnmedizinische Unterversorgung, Armut sind Kandidaten für das, was eine Zahnlücke aussagt. Lücken lassen tief blicken. Das gilt auch für Wortlücken.

Bestimmte Wörter veralten und sterben aus, weil wir keine Verwendung mehr für sie haben; die Wörter „Karzer", „Ingrimm", „Wählscheibe" oder „Mündel" haben ihre Schuldigkeit getan. Auch das Wort „Vatermörder" hat schon weniger blutige Tage gesehen. Es sagt viel über meine Lebensgestaltung aus, über welche Begriffe ich verfüge. Und es sagt viel über eine Gesellschaft aus, welche Wörter uns fehlen.

Wir haben kein Wort für die Erfahrung, sich um Familienmitglieder zu sorgen, die in der Ferne weilen („Fernsorgenweh"?). Wir haben kein Wort, um das immer wieder neue Erschrecken auszudrücken, das wir beim Lesen der immer wieder aktualisierten Statistiken empfinden („Wiederschreckung"?). Wir haben kein Wort, um die Erleichterung auszudrücken, wenn ein Testergebnis negativ ist und sich jemand gesund wähnen darf („Gesundheitsbeglückung"?). Worte prägen unseren Blick auf die Welt. Wenn ich ein Wort wie „Abstumpfungsangst" habe, kann ich meine Sorge ausdrücken, angesichts der vielen Fälle das Mitgefühl zu verlieren (im Sinne einer „Mitgefühlserschöpfung").

Wir brauchen eine Sprache, um auszudrücken, was wir empfinden und erfahren, sagt der Wortschöpfer. *Da brauche ich das Wort „Beständigkeitsverlust" und das Wort „Zukunftsschmelze". Ich brauche das Wort „Erstmaligkeitsdunkel", das Dunkel, das sich daraus ergibt, dass etwas in dieser gewaltigen Form das erste Mal in unserer Zeit auftritt. Ich brauche das Wort „stiller Jähstand", um auszudrücken, dass wir uns ganz plötzlich und unvorbereitet in einem Stillstand befinden. Ich brauche die Wortbildung „billige Sehnsucht", um zu sagen, dass wir uns danach sehnen, mühelos und ohne Opfer zum Alten und Vertrauten zurückkehren zu können. Ich brauche das Wort „aufwändig ungeplante Katastrophe". Damit will ich sagen, dass wir uns einen aufwändigen Lebensstil zu eigen gemacht haben, der mit der jetzigen Katastrophe, die wir nicht kommen sahen, überfordert ist.*

Mir gefällt dieses Spiel mit Worten, vor allem auch, weil ich eingestehen muss, dass es nicht bloß ein Spiel ist. Begriffe sind eine ernste Angelegenheit. Sie helfen uns auch, Dinge neu anzusehen und Dinge neu anzugehen.

Ich nehme das Wort „Zeitlast", um anzudeuten, dass manchen Menschen die Zeit, die sie durch die Krise haben, lange wird, zur Last, zur Belastung, im Sinne eines „Zeitdruckverlusts". Ich bilde das Wort „Leerenbürde" und meine damit die Bürde, die ein nicht ausgefülltes Leben mit sich bringt. Ich forme das Wort „Hineinander" und meine damit ein neues Miteinander, das sich erst einspielen muss, aber mit einer gewissen Ausrichtung aufeinander hin zu tun hat.

Du hast recht, sage ich, *neue Wörter schenken neue Freiheiten.*

Es ist auch befreiend, Wörtern auf die Schliche zu kommen, sagt der Wortschöpfer überraschend.

Wie meinst du das?

Nun, es ist doch faszinierend, Wörtern auf den Grund zu gehen, sie auf ihre Herkunft und Geschichte hin zu befragen. Begriffe erzählen Geschichten. Das Wort „Desaster" zum Beispiel hängt mit dem Wort „astrum" (Stern, Gestirn) zusammen und meint: „Trennung vom guten Stern". Oder das Wort „Katastrophe" kommt aus dem Griechischen und hat zu tun mit drehen, wenden, umkehren, umdrehen. Das ist doch spannend – die Natur hat den Spieß mit dieser Katastrophe umgekehrt. Oder: unser Leben wird durch die Katastrophe gewendet. Oder: Wir müssen umkehren, um mit der Katastrophe zurechtzukommen. Interessant ist auch, dass das Wort „Katastrophe" seinerzeit, als es in unsere Sprache einzog, vor allem den Schlussakt eines Dramas meinte. Es ist dann sozusagen das Ergebnis von dramatischen Vorgängen. Für mich heißt das, dass eine Katastrophe immer auch damit zu tun hat, dass man erntet, was man gesät hat.

Der Wortschöpfer zeigt sich richtiggehend begeistert. Ich muss ihm zustimmen, es ist faszinierend.

Das englische Wort „emergency" (Notsituation, Notlage) ist auch spannend, füge ich einen Gedanken hinzu. *Es hängt mit „emergieren" zusammen, mit hochkommen, an die Oberfläche gelangen. In einer Notlage zeigt sich etwas, was bislang verborgen war; es tritt etwas zutage, was bisher im Dunklen lag. Es „zeigt" sich etwas. Die jetzige Krise hat etwas freigesetzt, was unterdrückt und unsichtbar war, nun können wir es nicht mehr leugnen.*

Nennen wir das die Unleugbarkeitskraft der Krise, sagt der Wortschöpfer. Und fährt dann fort: *Wir brauchen eine Sprache, um auszudrücken, wie wir uns gegen die Krise stemmen, wie wir aufstehen gegen das, was uns bedroht und belastet. Ich schaffe das Wort „widerwachsen": anwachsen gegen die Krise, größer werden im Widerstand gegen die Krise. Ich erfinde das Wort „Schwellenwege", um auszudrücken, dass wir uns in einer Krise in einem Schwellenzustand befinden und nun in eben diesem Zustand neue Wege gehen müssen.*

Der Wortschöpfer begann wieder zu malen; ich erkannte nun eine gewisse Ordnung in der

Farbenfülle, sie war erst buntes Chaos, dann dunkle Trostlosigkeit, wurde dann zu langsam wachsender geordneter Vielfarbigkeit.

Wir brauchen Worte wie „zutrösten" und „hinfühlen" und „mithalten". Auch das Wort „verbinden" wird besonders wichtig: Wir müssen Wunden verbinden, wir müssen Verbindungen pflegen, wir müssen Bindungen festigen, wie man einen Knoten bindet.

Ich will jetzt in der Krise ein Wort für die zarte Dankbarkeit, die aufkeimt, weil die Bäume doch noch blühen, sage ich. *Vielleicht das Wort „Dankfreudigkeit" oder das Wort „Dankleichterung", das die dankbarkeitsstiftende Erleichterung ausdrücken soll, dass es Zeichen des „Weiter" gibt.*

„Weiterzeichen" sind das, sagt der Wortschöpfer, *Weiterzeichen, die „Weitermut" machen, Mut zum Weitergehen. Lass uns neue Wörter schöpfen, die wir in der Krise brauchen,* sagt der Wortschöpfer. *Vielleicht brauchen wir auch exotische Zutaten wie für ein besonderes Gericht. Es gibt ja wunderbare Wörter in anderen Sprachen. Das griechische Wort „filotemo" (Liebe zum Ehrgefühl) könnte nützlich sein oder das Wort „Pana Po'o" aus Hawaii (Kratzen des Kopfes, um sich an etwas zu erinnern).*

Bitte schenk mir ein Wort, ganz speziell für mich, bitte ich den Wortschöpfer.

Er lässt sich nicht lange bitten.

Denk an zwei kraftvolle Empfindungen. Denk an die Empfindung, die du hast, wenn du an etwas denkst, was du geliebt hast, was nun aber nicht mehr möglich ist. Zum Beispiel: Unbeschwert auf einer Parkbank sitzen. Oder: in aller Unschuld eine Fernreise planen. Manche Menschen dürfen nach einer Operation bestimmte Dinge nicht mehr tun oder können nach einer Krankheit bestimmte Dinge nicht mehr essen. Das ist eine Empfindung von Schmerz und Trauer und Verlust und Einschränkung, aber doch auch gepaart mit einer schönen Erinnerung. Und dann denk an die Freude, die du spürst, wenn du etwas wiederfindest, das du verloren hast und verloren glaubtest. Denk also daran, wie es ist, einen Schlüssel zu verlieren – mit einem Schlag ist dein Leben ganz anders; alles wird von der Suche nach dem Schlüssel in Anspruch genommen. Du bist besessen von diesem Schlüssel, kannst dich auf nichts anderes mehr konzentrieren. Und dann findest du den Schlüssel. Und da ist diese Freude ob des Wiederfindens. Und nun setze diese beiden Empfindungen zusammen: „von schönen Erinnerungen begleitete Verlusttrauer" trifft „dankbare Erleichterung ob des Wiederfindens von Verlorengeglaubtem". Das Wort, das diese beiden Empfindungen vereint, könnte das Wort sein: Zurückhalt.

Ich bin begeistert. Ist das das richtige Wort? Jedenfalls fühlt sich mein Geist beschwingt.

Und der Wortschöpfer fährt mit dem Pinsel über die Leinwand. Er hat eine helle, kräftige Farbe gewählt.

Die Ungleichheiten
werden verschärft

Man liest manchmal, dass ein Virus keine sozialen Grenzen respektiert und Arme wie Reiche befällt; man hört, dass sich Viren nicht an Staatsgrenzen halten, ohne Reisepass durch die Welt reisen und die Wohlhabenden wie die Notleidenden treffen, sagt die Gesellschaftswissenschafterin zu mir.

Ich kann damit durchaus etwas anfangen: Das Virus, das zur Pandemie geführt hat, macht keinen Unterschied zwischen Hautfarbe, Geschlecht, Wohlstand, Bildung. Und so erwidere ich: *Deswegen konnte Papst Franziskus ja auch am 27. März 2020 in einer bewegenden Andacht auf dem gespenstisch menschenleeren Petersplatz sagen, „dass wir alle im selben Boot sitzen, alle schwach und orientierungslos sind, aber zugleich wichtig und notwendig".*

*Wir fahren vielleicht im selben Meer und tei-
len uns denselben Planeten, aber wir sitzen nicht
alle im selben Boot,* bekomme ich zur Antwort.
*Die einen fahren im überfüllten Schlauchboot, die
anderen haben einen schnittigen Katamaran oder
sitzen auf einer luxuriösen Yacht.*

*Aber die Viren sind sozusagen blinde Piraten,
die das Schlauchboot ebenso entern wie den Katamaran oder die Yacht,* wende ich ein.

*Das mag ja sein. Die Auswirkungen sind aber
ganz unterschiedlich. Die Ungleichheiten werden
verschärft.*

Ich überlege mir: Selbst bei Menschen, die al-
le im selben Boot sitzen, kann es doch durchaus
Unterschiede in der Risikoverteilung und den
Handlungsmöglichkeiten geben. Der Untergang
der Titanic am 15. April 1912 hat natürlich alle
Passagiere betroffen, aber in sozial ungleicher
Weise: Die Überlebenschancen für Passagiere
der dritten Klasse waren niedriger, zwei Drittel
der Kinder der dritten Klasse starben. Die dritte
Klasse hatte normalerweise keinen Zugang zum
Bootsdeck, der Informationsfluss war schütter,
zudem waren in der dritten Klasse viele auslän-

dische Passagiere, die die Anweisungen nicht gut verstehen konnten. Die höchsten Opferanteile hatte aber jedenfalls die Besatzung. Wir sitzen vielleicht im selben Boot, aber nicht auf denselben Decks.

In diesem Sinne hat jede Katastrophe ein soziales Gesicht, auch eine Naturkatastrophe.

Im Grunde gibt es keine Naturkatastrophen, sagt die Gesellschaftswissenschafterin zu mir. *Es gibt zwar Erdbeben und Vulkanausbrüche und Dürren und Überflutungen, aber zur „Katastrophe" wird das alles doch nur durch uns Menschen.*

Eine Hungersnot wird oftmals auch als eine Katastrophe beschrieben, die „gemacht" wird, pflichte ich ihr bei. *Dass eine Dürre zu einer Hungersnot werden kann, hat mit Verteilung von Nahrungsmitteln und Zugang zu Nahrungsmitteln zu tun, aber auch mit dem Fließen von Information und politischen Entscheidungen; auch Unterstützungssysteme, seien sie staatlich oder informell, spielen eine wichtige Rolle.*

Der Wirtschaftswissenschafter Amartya Sen hat in einer bekannten Studie vier Hungersnöte

genauer untersucht: die Hungersnot in Benga-
len 1943, die Hungerkatastrophe in Äthiopien
1973 und 1974, die Hungersnot in Bangladesch
im Jahr 1974 und die Hungerkatastrophen in der
afrikanischen Sahelzone in den 1970er Jahren.
In allen Fällen konnte er nachweisen, dass das
Hauptproblem nicht „Nahrung im Land", sondern soziale Faktoren wie mangelnde Demokra-
tie, mangelnde Pressefreiheit, Machtspiele und
soziale Ungleichheiten waren. Auch eine Dürre
hat ein soziales Gesicht.

*Eine Not verschärft in der Regel die Ungleich-
heit*, meint die Gesellschaftswissenschafterin. *Wer
leidet mehr unter der Krise: das kleine Einzelge-
schäft oder die Supermarktkette, die Menschen mit
finanziellen Reserven oder die Menschen, die von
knappen Löhnen leben müssen, die Menschen in
Österreich oder die Menschen in Indien?*

In der Tat, sage ich (ich habe nun begriffen,
worauf sie hinauswill). *Jon Sobrino hat ein be-
denkenswertes Buch über das Erdbeben in San
Salvador vom 13. Januar 2001 geschrieben; er hat
klar gezeigt, dass das Erdbeben die Armen ganz
anders getroffen hat als die Reichen. Die armse-*

ligen und überfüllten Unterkünfte in den Favelas sind sofort zusammengebrochen, die Ambulanzen konnten die Favelas im Morast auf den nicht asphaltierten Straßen gar nicht erst erreichen. In der Tat: Jede Katastrophe hat ein soziales Gesicht, die Ungleichheiten werden verschärft.

Wir können da auch an die große Pest in London denken, sagt die Gesellschaftswissenschafterin. *Damals (in den Jahren 1665/1666) sind um die siebzigtausend Menschen in London gestorben. Die Seuche fiel zunächst gar nicht auf, weil sie in den Armenvierteln der Londoner Vorstädte wütete. Das fiel zunächst niemandem auf. Daniel Defoe, der Autor von „Robinson Crusoe", hat ein Buch über die Pest in London geschrieben (ein „Journal of the Plague"), da macht er sich auch Gedanken über die soziale Ungleichheit, die eine große Rolle gespielt hat. Die Seuche breitete sich besonders dort aus, wo viele Menschen auf engem Raum zusammenlebten, also in Armengegenden. Er beschreibt auch, wie die Armen ausgebeutet und an der Nase herumgeführt wurden, mit falschen Hoffnungen verführt. Das ist eine soziale Katastrophe, keine Naturkatastrophe.*

Es ist ja auch eine Quarantäne im geräumigen Einfamilienhaus eine andere Erfahrung als ein Eingeschlossensein in einer engen Wohnung in einem Vielfamilienhaus.

Die Pandemie zeigt uns die Ungleichheiten, in denen wir leben, noch deutlicher auf, denken wir nur an den Geschlechteraspekt, legt meine Gesprächspartnerin den Finger in eine Wunde. *An der vordersten Front der Pflege stehen vielfach Frauen, sie haben die größte Last der Schulschließungen zu tragen, sind häuslicher Gewalt, die mit den Ausgangssperren zunimmt, stärker ausgeliefert, haben zusätzliche Bürden mit Versorgungsaufgaben für Eltern wie Kinder zu tragen, haben in vielen Ländern weniger Zugang zu Information und Bildung und sind zudem an Entscheidungsprozessen und in der Politik nicht gleich beteiligt wie Männer. Wenn man sich in Österreich oder auch im Weißen Haus in Washington die Entscheidungsträger ansieht – Frauen sind die Ausnahme! Die Krise, die wir jetzt erleben, verschärft die Ungleichheiten, bringt sie aber auch deutlicher zum Ausdruck.*

Die Krise ist wie ein Lackmustest, der uns auf Ungleichheiten aufmerksam macht, meine ich.

Die Hoffnung ist, dass wir daraus lernen können. Wir werden uns genau ansehen müssen, wer die größten Lasten zu tragen hatte und was das über soziale Ungleichheit aussagt.

Je länger die Krise dauert, desto deutlicher treten die Ungleichheiten zutage. Die Krisengewinner sind eher diejenigen, die einen Spielraum haben; diejenigen, die aufgrund von vielen Ressourcen einfallsreich antworten können und auch einen langen Atem haben.

Wir machen uns ja Gedanken über das, was wir als Menschheit und als Gesellschaft jetzt brauchen, sage ich. *Und da kristallisiert sich immer mehr heraus: die wichtigste Tugend, die wir jetzt und künftig brauchen, ist die Kooperationsfähigkeit. Die Fähigkeit, mit anderen zusammenzuarbeiten. Die Fähigkeit zur Solidarität.*

Das mag so sein, sagt die Gesellschaftswissenschafterin. *Ungleichheiten sind ja auch ein Pulverfass – wenn wir nicht lernen, miteinander auszukommen, fliegt die Gesellschaft auseinander.*

Mir fällt der Begriff des Gemeinwohls ein – das Wichtigste, was eine Gemeinschaft zusammenhält und was uns auch als Einzelne blühen lässt, können wir nur gemeinsam herstellen und sichern. Das Gemeinwohl wird durch Gemeingüter wie Sicherheit, Höflichkeit oder Rücksichtnahme hergestellt. Mein Wohl wird dadurch vermindert, wenn es einem anderen Menschen schlecht geht. Das ist ein Schlüsselgedanke in einer Krise.

Ich hätte einen philosophischen Vorschlag, biete ich an.

Nun?

Thomas Hobbes hat ja seinerzeit (im 17. Jahrhundert) die Gesellschaft als Angstgemeinschaft beschrieben; was die Menschen zusammenhält, ist die Angst. Die Angst ist ein Folterwerkzeug, das Menschen in einer Gesellschaft zusammenspannt. Die Reichen sind wenige und haben Angst vor den vielen Armen; die Armen sind schwach und haben Angst vor den mächtigen Reichen. Sie behandeln einander pfleglich, weil sie Angst voreinander haben. Das ist nicht die Grundlage von Kooperationsfähigkeit, wie sie mir vorschwebt. Gemeinwohl wird nicht durch gezähmtes Gegeneinander oder erzwungenes Miteinander aufgebaut, sondern durch den je eigenen gern gegebenen Beitrag zum Ganzen. *Echte Kooperation wird möglich, wenn ich nicht von der Angst getrieben bin, übervorteilt zu werden, weil es mir nicht immer um meinen eigenen Vorteil geht. Daraus entsteht eine Ruhe des Teilens und aus dieser Ruhe die Sicherheit im Handeln auf den anderen hin. Wer keine Angst vor Nachteilen hat, kann leichter teilen.*

Die Gesellschaftswissenschafterin nimmt den Faden auf. *Es wird wohl so sein, dass Angst und Unglück daraus gespeist werden, dass wir uns mit anderen vergleichen, dass wir Vorteile und Nachteile abwägen, dass wir einander misstrauisch anschauen.*

Ich sehe sie an. *Echte Kooperation beruht darauf, dass wir einander vertrauen, dass wir in dieselbe Richtung schauen. Es braucht Vertrauen, in dieselbe Richtung zu gehen, ohne den anderen stets im Blick zu haben.*

Dann schauen wir beide aus dem Fenster. Zwei Menschen gehen vorbei, ins Gespräch vertieft; sie blicken beide nach vorne.

Trost ist Treue
im Zerbrechlichen

Ich kann nicht bei den Menschen sein, sagt der Seelsorger.

Er wirkt bekümmert.

Ich kann nicht ans Sterbebett kommen, ich darf niemandem die Hand halten, es ist mir untersagt, Besuche im Krankenhaus abzustatten.

Er seufzt. *Ich fühle mich wie ein Zuschauer, der am Rande eines Schlachtfelds steht und nicht eingreifen kann.*

Manchmal ist es mutiger, nicht einzugreifen, als sich ins Geschehen zu stürzen. Auf jeden Fall verlangt das den Mut zur Demut ab, sage ich.

Das mag sein. Aber die Hilflosigkeit ist quälend.

Ein Seelsorger kann doch niemals hilflos sein – Seelsorge kann ja auch Zwiegespräch zwischen

Seelen sein, sage ich. *Was würdest du denn als Seelsorger geben wollen?*

Ich will den Menschen Trost geben.

Das ist ein schönes Anliegen, denke ich mir. Das Wort „Trost" hängt mit „Treue" zusammen, mit einer Festigkeit, die sich gerade in schwierigen Zeiten zeigt. Trost ist sozusagen „Treue im Zerbrechlichen".

Der Seelsorger fährt fort: *Viele Menschen sind unsicher geworden. Die Krise ist wie ein Schlaganfall, viele taumeln, sie müssen sich anhalten.*

Trost geben heißt: Halt schenken, etwas zum Anhalten geben. Treue durch festen Halt zu zeigen. Ich will den Seelsorger in seinem Redefluss aber nicht unterbrechen.

Ich will den Menschen einen Arm geben, auf den sie sich stützen können.

Ich erinnere mich an meinen Vater nach seinem schweren Schlaganfall: Jeder Schritt ein gestützter Erfolg.

Trösten ist wie das Öffnen eines weiten Raumes. Wenn ich die Seele mit einem Haus vergleiche, dann ist Trost wie ein Schlüssel zu einem Zimmer, das in Vergessenheit geraten ist. Oder auch wie ein Fenster, das sich „auftut" – das sich entdecken und öffnen lässt.

Mir gefällt dieses Bild des inneren Hauses. Ein tröstliches Wort erinnert mich an das Gute, das ich vergessen oder übersehen habe. Es kann ein Wort sein, das Mut macht, das den Blick auf das Gute und Intakte und Wesentliche lenkt. Ein Wort, das an die Kraft erinnert, die doch da ist, an Kraftquellen, die man bemühen kann.

Trösten heißt Zuversicht schenken. Und Zuversicht heißt für mich, eine neue Sichtweise der Dinge zähmen. Einen beruhigenden Blick zutraulich machen.

Das klingt ja richtig poetisch, sage ich anerkennend.

Schöne Worte müssen nicht leere Worte sein, sagt der Seelsorger. Nun wird er ruhig.

Wir schweigen eine Weile. Auch das hat etwas Tröstliches – freundschaftlich geteilte Abwesenheit von Sprache.

Wie tröstest du einen Menschen, der Angst um einen Angehörigen hat?, frage ich. *Oder einen Menschen, der seine Arbeit verloren hat? Oder einen Kranken?*

Ein Schlüssel für Trost ist die Vermeidung von billigem Trost. Billiger Trost sieht die Wunden nicht, flüchtet sich in hohle Worte und leere Zusagen. Trost muss teuer sein; er muss den Schmerz anerkennen und darf nicht so tun, als wärest du in der Lage, den Schmerz zu nehmen, gar: auf dich zu nehmen. Es ist nicht billig, auf die Wunden zu blicken.

Wir schweigen wieder. Ich denke nach über die Bedeutung von Wunden. Jetzt ist die Menschheit insgesamt verwundet, das globale Wirtschaftssystem ist angeschlagen, viele Regionen leiden, es herrscht allgemeiner Druck der Ungewissheit. Wir sind verwundet. Die Verletzlichkeit des ganzen Systems ist uns vor Augen geführt worden. Hans Georg Gadamer hat einmal von der Verborgenheit der Gesundheit geschrieben; da hat er sich überlegt, dass wir, solange wir gesund sind, es als selbstverständlich hinnehmen, gesund zu sein. Es fällt uns gar nicht auf, dass wir gesund sind, dass es auch anders sein könnte. So gesehen ist die Gesundheit verborgen. Und wenn sie sich zeigt, dann im Fehlen und im Verlust und im Beschädigtsein. Wir schauen auf unsere Gesundheit vor allem und erst dann, wenn sie gefährdet ist, wenn sie verlustig gegangen ist.

Ähnlich ist es auch mit dieser Krise: Wir merken auf einmal, dass das weltumspannende wirtschaftliche System, das wirklich bis in die letzten Winkel des Planeten reicht und Amazonien und die Antarktis einschließt, dass dieses ganze System auf einer simplen Voraussetzung beruht: dass Menschen gesund sind und miteinander Kontakt haben können. Es scheint, als wäre das wie ein Kartenhaus in sich zusammengebrochen. Diese eine Voraussetzung war stets so selbstverständlich; und nun hat sich das rasch geändert.

Wir sind verwundet. Damit ist auch eine gewisse Unbeschwertheit, Unschuld verloren gegangen. Wir müssen erst herausfinden, was das bedeutet. Das Leben ist schwerer geworden.

Was kann hier Trost bedeuten?

Was ist die Bedeutung von Wunden?, frage ich schließlich.

Mich hat immer wieder der Gedanke berührt, sagt der Seelsorger, *dass Jesus Christus von den Toten auferstanden ist, aber die Wundmale nicht verschwunden sind. Die Wundmale werden dann sogar zum Erkennungszeichen. An den Wunden erkennen wir die Auferstehung. Das ist doch eine mächtige Botschaft!*

Ich denke an die Darstellungen des Auferstandenen – die Wunden werden sichtbar gehalten, sie scheinen nicht harmlos, sie sind echt.

So sage ich: *Wir werden als Menschheit aus dieser Krise, die uns zu Boden geworfen hat, wieder aufstehen. Aber wir werden die Male der Krise mit uns tragen. Und diese Wundmale werden uns hoffentlich ein wenig langsamer und ein wenig behutsamer werden lassen.*

Behutsamkeit ist übrigens ein anderer Schlüssel für Trost, sagt der Seelsorger. *Das zu schnell gesprochene, das zu leicht gesagte Wort kann verletzen. Wer trösten will, steht zögernd auf der Schwelle, ehrfürchtig, denn die Schwelle ist heiliger Boden.*

Die Schwelle ist heiliger Boden. Ein interessanter Gedanke, überlege ich. Die Krise ist doch Schwelle, Leben auf der Schwelle, Schwellenzustand. Ist die Krise selbst heiliger Boden?

Ich lenke den Blick gern auf ein inneres Bild. Ich vergleiche die Seele mit einem See, einem inneren

See. Und dann sage ich: Stell dir vor, dass dieser See ganz ruhig ist. Wie ein Bergsee, den kein Stein und kein Wind trüben. Still und ruhig. Lass die Winde vorüberziehen.

Der Seelsorger findet selbst Kraft in diesem Bild des inneren ruhigen Sees.

Was wühlt den See der Seele auf, frage ich mich. Zorn und Wut peitschen den inneren See auf; auch das Grübeln ist gefährlich, das Kreisen um Verlust und Schmerz. Grübeln klingt harmlos, kann aber einen Sturm auf dem inneren See auslösen; oder auch zur Erstarrung des Sees führen. Beides ist das Gegenteil von kraftvollem Frieden.

Kraftvoller Friede stellt sich ein, sagt der Seelsorger nach längerem Schweigen, *wenn du es schaffst, nicht auf den langen Weg zu schauen, der vor dir liegt; wenn du es schaffst, nicht darüber nachzugrübeln, was sich hinter der nächsten Wegbiegung verbergen könnte oder wie du an der übernächsten Kreuzung entscheiden solltest. Jeder lange Weg beginnt mit einem ersten Schritt und jeder erste Schritt kann Grundlage für einen nächsten Schritt sein. Und damit aus vielen Schritten ein Weg wird, musst du immer wieder innehalten und dich umschauen.*

Und was sehe ich dann?, bin ich versucht zu fragen.

Wenn du genau hinschaust, wenn du ganz ruhig bist, siehst du den inneren See. Und da kannst du dich immer ausruhen.

Dieses Bild hat etwas Tröstliches; ich bin auch müde geworden. Auch die Müdigkeit hat etwas Tröstliches.

Vielleicht hängt es damit zusammen, dass wir alle gemeinsam Neuland betreten

Vielleicht hängt es damit zusammen, dass wir alle gemeinsam Neuland betreten. Vielleicht liegt es daran, dass kleinliche Emotionen wie Ärger über Lappalien verpuffen angesichts des Großen, das sich abspielt. Vielleicht hat es damit zu tun, dass wir alle aus einem Korsett von Erwartungen und Zwängen und Regeln und Regelmäßigkeiten aussteigen können, sodass wir uns freier fühlen trotz der Unsicherheit.

Das sind Sätze einer Katastrophenforscherin. Sie erforscht Desaster und Katastrophen, Kalamitäten und Notsituationen. Ihre Sätze beziehen sich auf ein interessantes Phänomen: das Gute, das unmittelbar nach einer Katastrophe in Gemeinschaften wachsen kann; die Hilfsbereitschaft, die Solidarität, die Freude am Miteinander.

Rebecca Solnit hat ein eindrucksvolles Buch geschrieben, fährt sie fort. *Es heißt „A Paradise Built in Hell" (Ein Paradies, in der Hölle errichtet). Darin beschreibt Solnit die Folgen von Katastrophen – die Erdbeben von San Francisco 1906 und Mexico Stadt 1985, die Explosion eines Lastschiffes in Halifax, Kanada, im Jahr 1917, die Terroranschläge des 11. September 2001, die Verwüstungen durch Hurricane Katrina in New Orleans im Jahr 2005. In allen Fällen findet Solnit nach mühsamen Nachforschungen gelebte Selbstlosigkeit, Freude am Helfen, die Neuformung von Gemeinschaften. „Ich kann Desaster nicht gutheißen", schreibt sie, „aber ich kann Antworten darauf hoch schätzen."*

In diesem Buch wird die Geschichte von Amelia Hoshouser erzählt, die das „Mizpah Café" aufgebaut hat, eine improvisierte Küche in einem Park, die dank Hunderten Freiwilligen Tausende Menschen nach dem Erdbeben ernähren konnte. So vieles hängt an einem ersten entschlossenen Schritt, der nicht den eigenen Vorteil im Blick hat. Das Erdbeben in San Francisco hat vielleicht eine Minute gedauert – 18. April 1906, 5.12 morgens. Diese Minute veränderte so gut wie alles in der Stadt. Achtzig Prozent von San Francisco waren zerstört worden. Amelia Hoshouser fand sich mit einem Freund in einem Park wieder, dem Golden Gate Park; und mit einer Dose und einem Teller öffnete sie eine Suppenküche im Freien. Und kochte für vollkommen Fremde, für Menschen, die sie nie zuvor gesehen hatte, für Menschen, denen sie nichts schuldete, für Menschen, von denen sie nichts erwartete. Immer mehr Menschen packten an, immer mehr Menschen wurden bekocht.

Katastrophen bringen Menschen auf neue Weise zusammen, sagt die Katastrophenforscherin. *Menschen sind in der Regel erfindungsreich und verantwortungsvoll. Es ist schlichtweg nicht der Fall, dass nach einer Katastrophe die Menschen hilflos in den Trümmern liegen und warten, dass organisierte Hilfe kommt, dass die Behörden einschreiten.*

Es ist ja auch so, dass Eltern selbst in einer Katastrophe nicht vergessen, dass sie Kinder haben, sage ich. *Der österreichische Autor Josef Haslinger, der den Tsunami vom 26. Dezember 2004 auf*

Phi Phi Island überlebt hat, schildert einen Moment, der sich in seiner Erinnerung „festgesaugt hatte", nämlich, „als es danach aussah, als hätten wir unsere beiden Kinder verloren". Menschen vergessen auch in einer Katastrophe nicht, welche Verantwortung sie tragen.

Ich erinnere mich auch an eine weitere Szene in Josef Haslingers Buch, in der seine Tochter Sophie beschrieben hat, wie ihr ein Mann, der selbst in Lebensgefahr war, ein Baby in die Hand gedrückt hat, damit sie es in Sicherheit bringen könne: „… ich habe jedenfalls plötzlich ein kleines nacktes Kind in der Hand gehabt", schreibt sie. Eltern fühlen sich bis zur Selbstaufgabe für Kinder verantwortlich.

Katastrophen machen vielleicht stumm, aber selten blind, sagt die Katastrophenforscherin. William James, der berühmte Philosoph und Psychologe, war ja zufällig in San Francisco am 18. April 1906, dem Tag des Erdbebens. Er wurde auch, wie viele andere, aus dem Bett geschleudert und sah sich mit Trümmern und schwer beschädigten Gebäuden konfrontiert. Er ließ seine Gastprofessur an der Stanford-Universität sausen und *zog fünf Tage später an die Ostküste zurück. Kurz danach veröffentlichte er einen kurzen Text, „On Some Mental Effects of the Earthquake" (Über einige mentale Auswirkungen des Erdbebens).* Darin beschreibt er, wie er nach dem Erdbeben von zwei Dingen überrascht war: einmal von der rasch improvisierten Ordnung, die dem Chaos entgegengesetzt wurde; natürlich begabte Ordnungshersteller („natural order-makers") organisierten Maßnahmen zur Sicherung von allen; und zweitens die Ruhe und der gewisse Gleichmut der Menschen; James sah keine Panik, sondern die Menschen gingen ruhig und entschlossen die Dinge an, die getan werden mussten. Menschen sind durchaus in der Lage, mit einer ernsthaften Ruhe an Dinge heranzugehen.*

Eine Notsituation erzeugt die Notwendigkeit von Not-Wendendem, also den Druck, die Not zu lindern und der Not entgegenzutreten. Angesichts dieser Notwendigkeiten relativiert sich vieles. Es entstehen auch neue Möglichkeiten, sage ich. Es entsteht vielleicht auch ein neuer Sinn für das, was möglich ist, ein neuer Sinn für „Normalität"; hier wird an den engen Grenzen dessen, was man

sich in einem geregelten Leben vorstellen kann, ge-
rüttelt. Wer hätte etwa gedacht, dass in der Co-
vid-19-Krise Familien abends wieder Brettspiele
spielen wie in der Zeit vor dem Internet?

Die Katastrophenforscherin nickt. *Katastro-*
phen werfen uns sozusagen in etwas Utopisches,
in einen Nichtort, den wir in unserem Leben nicht
erfahren konnten. Das kann auch in der Vergan-
genheit liegen. Das ist ein Lebensgefühl, das auch
eine gewisse Befreiung an sich hat, weil gewohnte
Bande zerrissen sind.

Eine Katastrophe führt zu einem intensiveren
„Jetzt", zu einem intensivierten Gefühl für die
Gegenwart und dieses Leben im Heute setzt wohl
Kräfte frei, sage ich.

Ich erinnere mich, wie Tiziano Terzani, der be-
kannte italienische Journalist, nach seiner Krebs-
diagnose auch so etwas wie ein Gefühl von Ent-
lastung und Befreiung verspürte; man konnte
nun nicht mehr von ihm erwarten, im Hamster-
rad des Berufslebens zu bleiben, weiterhin seine
Rolle zu spielen. Das ändert nichts an der Schwere der Krankheit oder der Katastrophe, aber es ist
verständlich, dass sich auch neue Kräfte zeigen.

Diesen Aspekt der neuen Kräfte in einer Ge-
meinschaft hat Frederick Cuny eindrucksvoll
beschrieben, meint die Katastrophenforscherin.
Er hat in vielen Katastrophen Hilfe aufgebaut –
aber er war mit seiner Organisation nie der Erste
und nie der Wichtigste, wie er sagt. Da gibt es ja
auch das Phänomen „Elitenpanik", die Angst der
machthabenden Eliten, die Kontrolle zu verlieren.
Deswegen ist ihnen die Selbstorganisation der
Menschen gar nicht immer recht. Cuny zum Bei-
spiel hat beobachtet, dass es in jeder Gesellschaft
verborgene Strukturen und Mechanismen gibt, die
uns helfen, mit Notsituationen umzugehen. Das
können Bindungen sein, die man unmerklich auf-
gebaut hat durch freundliche, aber nicht einmal
nahe Nachbarschaft, das kann auch die Religion
sein. Die Resilienz von Gemeinschaften, also die
Widerstandskraft im Ernstfall, hat mit der Mög-
lichkeit zu tun, ein Miteinander zu mobilisieren.

Leider hat Resilienz von Gemeinschaften vor
allem damit zu tun, dass man in guten Zeiten in
etwas investiert, das man hofft, nie brauchen zu
müssen, sage ich. *Der eigentliche Sinn einer „Wi-*
derstandsstruktur im Ernstfall" ist die Hoffnung,

dass sie unnütz ist, nicht gebraucht wird. Und da fehlt manchmal die Motivation. Da gibt es den tragischen Fall der Notstromaggregate im Memorial Krankenhaus in New Orleans. Man hatte den Betreibern des Krankenhauses schon in den späten 1990er Jahren gesagt, dass sie die Notstromvorrichtungen in ein höheres Stockwerk verlegen sollten, weil es ja auch Flutkatastrophen geben könne. Aus Kostengründen hat man das nicht gemacht. Und deswegen sind zwei Tage, nachdem der Hurrikan Katrina über die Stadt gefegt ist und die Stromversorgung in New Orleans lahmgelegt hat, wegen der steigenden Wasserspiegel auch die Notstromaggregate ausgefallen. Das muss man sich vorstellen – ein Krankenhaus ohne jeglichen Strom!

Das hat auch mit dem zu tun, was man „Katastrophenethik" nennt, sagt die Katastrophenforscherin. *Was sind wir bereit, in guten Zeiten zu tun, um in schweren Zeiten bestehen zu können? Ich denke an ein schönes Buch von Elaine Scarry. Sie schreibt in „Thinking in an Emergency" (Denken in einer Notlage), dass das wichtigste Werkzeug zum Katastrophenschutz Gewohnheiten sind. Kollektive Gewohnheiten. Möglichst viele Menschen sollen Erste Hilfe leisten können, nicht nur professionelle Sanitäter. Möglichst viele Menschen sollten wissen, wie man sich in einem Katastrophenfall verhält. Eine Katastrophe wird weniger durch Behörden und Spezialistinnen besiegt, vielmehr durch Menschen wie du und ich.*

Das hat man ja auch in der Ebola-Katastrophe in Afrika gesehen, sage ich. *Den Kampf gegen eine Seuche gewinnst du nicht in Krankenhäusern, sondern in den Dörfern. Wie verhalten sich die Menschen? Wie leben sie ihren Alltag? Was machen sie, wenn eine Seuche ausbricht?*

Da sind wir wieder bei der Gemeinschaft, sagt die Katastrophenforscherin abschließend. *Eine Gemeinschaft, die dadurch zusammenkommt und dadurch zusammenhält, dass sie gemeinsam Neuland betritt.*

Das ganze Unglück
der Menschheit

Ich brauche deinen Rat, sagt der Mann zu mir. *Ich fühle mich in meiner Wohnung eingesperrt, mir fällt die Decke auf den Kopf, alles wird mir so eng.*

Ich beiße mir auf die Zunge, weil ich eigentlich sagen will: Weißt du, was Blaise Pascal geschrieben hat: „Das ganze Unglück der Menschen rührt allein daher, dass sie nicht ruhig in einem Zimmer zu bleiben vermögen."

Ein schöner Satz, auch trefflich, ich spreche ihn aber nicht aus.

Das Gefängnis kann auch Ort des Wachstums sein, sage ich stattdessen.

Wie meinst du das?

Es gibt viele Beispiele von Menschen, die die Zeit ihres Gefängnisaufenthalts sehr bewusst ge-

staltet haben; Gandhi hat seine Autobiographie geschrieben, als er ab 1922 im Gefängnis war; er ist gewissermaßen dankbar für die Monate im Gefängnis, weil er dadurch Zeit hat, den Text über sein Leben zu schreiben, zu dem ihn viele gedrängt hatten.

Aber Gandhi war ein außergewöhnlicher Mensch.

Jeder Mensch ist einzigartig. Das Gefängnis kann aber auch aus manchen Menschen Außergewöhnliches hervorbringen, so wie außergewöhnliche Zeiten aus dir etwas Besonderes herauskitzeln können.

Da muss schon eifrig gekitzelt werden.

Die Zeiten sind ja so eigenartig, dass hier schon eifrig gekitzelt wird, sage ich. *Es ist auch eine Sache von eigenem Willen und eigener Einstellung. Václav Havel, der spätere Präsident der Tschechischen Republik, wurde 1979 zu einer mehrjährigen Haftstrafe verurteilt. Und er entschloss sich ganz bewusst, diese Zeit gut zu nutzen: Er wollte schreiben (zwei Theaterstücke), er wollte die vollständige Bibel lesen, er wollte Fremdsprachen lernen und vertiefen. Er wollte auch regelmäßig*

Sport betreiben. Ein wichtiges Anliegen war ihm auch eine klare Tagesstruktur.

Er hatte also konkrete „Projekte", sagt mein Gesprächspartner zu mir. Das gefällt mir. Ich habe einmal in einem berührenden Text einer betagten Frau gelesen: Du musst jeden Tag ein Projekt haben.

Das ist ein schöner Satz: Du musst jeden Tag ein Projekt haben; Gandhi hat ein solches Projekt im Gefängnis gehabt; eine Tagesstruktur hilft dabei – denn eine äußere Ordnung wirkt sich auch auf die innere Festigkeit aus. Das ist ein uraltes geistliches Gesetz: Das Innere wirkt nach außen und das Äußere wirkt nach innen.

Das meinen wohl die, die dir vorschlagen, in Zeiten des Hausarrests den Keller zu entrümpeln oder den Dachboden durchzuschauen oder gründlich zu putzen oder die Möbel umzustellen.

Reinigen wirkt auch nach innen; sich von Dingen trennen kann auch ein inneres Loslassen in Bewegung setzen.

Und weiter?

Wenn die äußere Welt enger wird, muss die innere Welt wachsen; wenn Dinge äußerlich zu einem Ende kommen, musst du dich an Anfängen freuen.

Das sind wirklich schöne Worte, aber eben nur Worte. Was heißt das konkret?

Konkret heißt das, dass du jetzt – gerade jetzt – etwas Neues anfangen sollst und nicht nur zusehen, wie manches zu einem Ende kommt und ausläuft. Versuch dir etwa, eine neue Gewohnheit anzueignen. Täglich eine Viertelstunde schreiben oder zeichnen oder still sitzen. Konkret kann das auch heißen, die Dinge im Alltag mit neuen Augen anzusehen. Hast du dir schon einmal deinen Küchentisch genau angeschaut? Was kann er Fremden von dir erzählen? Bist du schon einmal durch deine Wohnung gegangen, als würdest du eine Expedition machen – mit dem Ziel, möglichst viel über den Bewohner oder die Bewohnerin der Wohnung zu erfahren? Was gibt es da zu entdecken? Was würdest du vor fremden Augen verbergen?

Das kann interessant sein, sagt mein Gesprächspartner vorsichtig.

Es kann geradezu abenteuerlich sein, wenn man sich die eigene Wohnung mit frischem Blick

ansieht; das gilt auch für andere Aspekte des Alltags. Im Grunde ist es keine Frage von „Rezepten"
und „Listen von guten Ratschlägen", sondern eine
Frage der inneren Einstellung, eine geistliche Frage, eine Frage der Spiritualität.

Du meinst, wir brauchen eine Krisenspirituali-
tät?

Oder eine krisenfeste Spiritualität, sage ich.
Denk an die wunderbare geistliche Tradition des
wabi-sabi.

Wabi-sabi?

Die Kunst, das Gute im Dunklen zu sehen; das
Schöne im Zerbrochenen, das Entzückende im
Unvollkommenen. Das Augenmerk liegt nicht auf
dem, was wir sehen, sondern auf dem, wie wir es
sehen. Entstanden ist diese Spiritualität im Japan
des späten 15. Jahrhunderts, als die Reichen und
Mächtigen die Teezeremonie in immer aufwän-
digerer Weise begingen und der eigentliche geistliche Sinn der Zeremonie, der nach Murata Juko
mit Ehrfurcht, Reinheit und innerer Freiheit zu
tun hatte (und gerade eben nicht mit materiellem
Luxus oder gar Angeberei), verloren gegangen war.
Was bedeutet es, eine Zeremonie mit angeschlage-

nen, offensichtlich unvollkommenen Tassen zu feiern? Hier gilt die Idee: Gib den Dingen eine Chance, dir ihre Schönheit zu zeigen. Dazu muss sich nicht etwas in den Dingen ereignen, sondern in dir. Die Veränderung findet nicht im Außen der Dinge, sondern im Inneren deiner Einstellung statt.

Mein Gesprächspartner ist nun etwas ermattet, scheint mir.

Um ihn aufzumuntern, sage ich: *„Wabi", so liest man manchmal, ist ein Wort, das das Gefühl der Einsamkeit beschreibt, das man empfindet, wenn man die Nähe zu jemandem entbehren musste, verbunden mit einem Hauch von Vorfreude auf das Wiedersehen.*

Das klingt doch durchaus nach Gefühlen, die wir in Zeiten des Daheimbleibens während der Pandemie erfahren haben. Deswegen könnte es eine hilfreiche Einstellung sein. Viktor Frankl hat uns gelehrt, weil er es am eigenen Leib erfahren hat: Wir können vielleicht eine Situation in ihren äußeren Eckdaten nicht ändern, aber unsere Einstellung dazu. Entscheidend ist dann das „Wie" und weniger das „Was". Entscheidend ist dann weniger, was du tust, sondern wie du handelst.

Ich unterbreche mich und sehe meinen Gesprächspartner an.

Weißt du, was auch eine gute Sache ist?, frage ich ihn.

Was denn?

Stell dir einfach die Frage: Was würdest du tun, wenn jemand zu dir kommt und dir sagt: Ich brauche deinen Rat! Ich fühle mich eingesperrt. Was würdest du sagen?

Das ist eine gute Strategie, gibt der Mann zu.

Also?

Ich würde sagen: Du musst jeden Tag ein Projekt haben; und du musst dich einüben in das gute Bleiben. Du musst lernen, bei einer Sache zu bleiben; das Bleiben aushalten.

Der Mann erstaunt mich. Und dann erstaunt er mich noch mehr, als er mir auf den Kopf zusagt: *Weißt du, was Blaise Pascal geschrieben hat? „Das ganze Unglück der Menschen rührt allein daher, dass sie nicht ruhig in einem Zimmer zu bleiben vermögen."*

Ich nicke zustimmend – um dann das Zimmer zu verlassen.

Würdest du auch
die Pest wählen?

Würdest du auch die Pest wählen?, fragt mich die Theologin.

Ich bin von der Frage überrascht. Wer würde jemals eine Seuche wählen?

Ich meine die Geschichte von König David, erläutert die Theologin. *König David, so steht es in der Bibel, hat schwer gesündigt. Er muss eine Strafe auf sich nehmen. Gott schickt einen Propheten zu David und stellt ihn vor die Wahl: „Was soll über dich kommen? Sieben Jahre Hungersnot in deinem Land? Oder drei Monate, in denen dich deine Feinde verfolgen und du vor ihnen fliehen musst? Oder soll drei Tage lang die Pest in deinem Land wüten? Überleg dir sehr genau, was ich dem, der mich gesandt hat, als Antwort überbringen soll"* (2 Samuel 24,13).

David hat die Pest gewählt, stelle ich fest.

David hat sich das gut überlegt. Er sagte zum Propheten: „Ich habe große Angst. Wir wollen lieber dem Herrn in die Hände fallen, denn seine Barmherzigkeit ist groß; den Menschen aber möchte ich nicht in die Hände fallen" (2 Samuel 24,14).

Das Argument ist interessanterweise nicht die Zeit, sage ich. *Für mich wäre das ein wichtiger Aspekt. Drei Tage sind erträglicher als sieben Jahre oder drei Monate.*

Wir wollen nicht naiv sein – drei Tage Pest bedeutet nicht, dass der Schrecken nach drei Tagen zu Ende ist, weist mich die Theologin zurecht. *Im Text steht: „Da ließ der Herr über Israel eine Pest kommen; sie dauerte von jenem Morgen an bis zu dem festgesetzten Zeitpunkt und es starben zwischen Dan und Beerscheba siebzigtausend Menschen im Volk" (2 Samuel 24,15). Kannst du dir vorstellen, was der Verlust von siebzigtausend Menschen langfristig bedeutet? Für die nächsten drei Jahrzehnte?*

Ich kann es mir nicht vorstellen, verstehe aber, was sie mit der Frage sagen will.

Aus der Kriegsfolgenforschung wissen wir, dass der Verlust eines Lebens dutzende Menschen direkt betrifft, von den indirekten Konsequenzen ganz zu schweigen. Das ist wie ein Bombenkrater im sozialen Gefüge. Da wird ein Loch gerissen, in das vieles andere gesogen wird.

Wenn eine Seuche siebzigtausend Menschen hinwegrafft, hinterlässt sie eine Landschaft von Kratern, die ein ganz neues soziales Miteinander erzwingt, sagt die Theologin. *Und auch eine neue Beziehung zu den wichtigen Werten, zu den höchsten Werten, zum höchsten Wert, zu Gott. David wird im Text geschildert als einer, der umkehrt, der bereut, der Gott einen Altar baut, der eine neue Beziehung zu Gott eingeht. Die Strafe hat also ihr Ziel erreicht; sie will ja nicht „Rache" und „Vergeltung" ausdrücken, sondern eine neue Beziehung stiften, Gott und Mensch neu zusammenzubringen.*

Wenn ich gebildet wäre, was ehrlicherweise nicht der Fall ist, könnte ich jetzt sagen: Lucas van Leyden hat 1520 eine Radierung von „David im Gebet" gemacht, in der er den gealterten König David als betenden Büßer zeigt: David kniet in einer trostlosen Umgebung, seine Harfe, sein Szepter, seine Kopfbedeckung, sein linker Schuh liegen am Boden. David ist um seinen Hochmut gebracht, vom hohen Ross gefallen.

Die Seuche hat jedenfalls die Demut Davids erzwungen, sage ich stattdessen. *Erfahrungen von Verwundbarkeit, Ausgeliefertsein, Ohnmacht bremsen und brechen Hochmut und Unbekümmertheit. Wir leben heute auch in einem Zeitalter neuer Zerbrechlichkeit.*

Und diese Zerbrechlichkeit hat David nicht mehr verlassen, sagt die Theologin. *Das zweite Buch Samuel endet mit der Buße nach der Seuche und dann finden wir nur mehr den hochbetagten David, dessen Nachfolge geregelt werden muss. Er ist nicht mehr dem Hochmut verfallen.*

Warum hat aber David die Pest gewählt?, frage ich nach.

Er hat sich auf Gottes Barmherzigkeit verlassen. Tatsächlich beschreibt der Text auch, dass Gott die Grausamkeit der Seuche bereut und Gott dem Unglück Einhalt gebietet.

Nachdem siebzigtausend Menschen ums Leben gekommen sind, sage ich unversöhnt.

Diese Ungerechtigkeit thematisiert der Text auch – König David tritt mit den Worten auf: „Ich bin es doch, der gesündigt hat ... Aber diese, die Herde, was haben denn sie getan?" (2 Samuel 24,17) Der Text sieht die Ungerechtigkeit in der Seuche, so wie wir sie ja heute auch erleben.

Schlägst du vor, dass die Seuche eine Strafe Gottes ist?, frage ich die Theologin unverblümt.

Natürlich nicht.

Wieso „natürlich"? – Die Frage zielt auf ziemlich „Übernatürliches" ab.

Eben deswegen: Natürlich nicht, sagt die Theologin. *Wir haben es mit Dynamiken der Natur zu tun, mit ihrer Ordnung oder vielleicht auch Unordnung. Es gibt einige Studien darüber, dass das Virus mit der Veränderung des ökologischen Gleichgewichts in Zusammenhang gebracht werden kann. Steigerung der Temperaturen durch menschliches Zutun und die Zerstörung der Biodiversität durch uns Menschen sind plausible Faktoren. Wir wollen die Seuche also nicht vorschnell Gott in die Schuhe schieben.*

Gott trägt doch keine Schuhe, will ich sagen, verkneife es mir aber.

Tatsache ist, dass ein Text im Alten Testament die Seuche als Strafe Gottes beschrieben hat, trotze ich der einfachen Denkart.

Zugegeben, erwidert die Theologin. *Aber man kann die Sache auch so sehen: Durch sündhaftes Verhalten werden eine Ordnung verletzt und ein Gleichgewicht zerstört. Das hat dann Konsequenzen, die nicht durch einen eigenen „Strafakt" erfolgen, sondern sich aus der Logik der Zusammenhänge ergeben. Wenn du unvernünftig und maßlos lebst, darfst du dich nicht wundern, wenn deine Gesundheit leidet, da brauchst du kein göttliches Strafgericht bemühen.*

Dann ist es ein Strafgericht der Natur, wende ich ein. *Der Gedanke ist doch sehr ähnlich. Außerdem trifft es doch wieder einmal diejenigen, die ohnehin schon benachteiligt sind, am meisten. Denk an die afroamerikanische Bevölkerung in den Vereinigten Staaten – man kann doch schwerlich sagen, dass sie unvernünftig und maßlos gelebt haben! Es trifft doch Vielflieger und Bettlägrige gleichermaßen!*

Die Theologin lässt sich nicht beirren: *Ich rede von der Menschheit insgesamt, von uns als*

Menschheitsfamilie. Was immer die Ursachen der Pandemie sein mögen (und vermutlich sind es viele), werden wir zugeben müssen, dass wir unvernünftig gelebt haben (und leben). Muss es wirklich sein, dass tausende Menschen auf schwimmenden Schlössern durch die Weltmeere kreuzen oder dass täglich zehntausende Flugzeuge in der Luft sind?

Da gebe ich dir recht, dass wir als Menschheit insgesamt und in vielen Fällen als einzelne Menschen kurzsichtig und auch maßlos gelebt haben. Aber das löst die Schuldfrage im Einzelnen nicht. Auch heiligmäßige Menschen können erkranken.

Die Theologin nickt, als hätte ich ihr gar nicht widersprochen. *Wie heißt es doch in der Bergpredigt,* zitiert sie: *Gott lässt seine Sonne aufgehen über Bösen und Guten, und er lässt regnen über Gerechte und Ungerechte.*

Das trifft ja auch auf das Virus zu.

In der Tat. Und eben weil wir die Schuldfrage nicht lösen können, müssen wir alle gemeinsam nachdenken, wie wir – und wohin wir! – umkehren können. So kann es nicht weitergehen.

Wir schweigen ein wenig und denken über das Gesagte nach.

Wir werden Opfer bringen müssen, sagt die Theologin schließlich. *König David hat im zitierten Text ein Opfer dargebracht (er hat Rinder geopfert). Wenn wir das weniger wörtlich verstehen, also nicht als geopfertes Tier, sondern als Verzicht und Umdenken und Reduktion, dann kommen wir der Idee eines Lebens nach der Seuche näher. David hat die Rinder um einen hohen Preis gekauft, obwohl sie ihm der Eigentümer Arauna für den Herrn schenken wollte. David wird mit den Worten zitiert. „Ich will dem Herrn, meinem Gott, keine unbezahlten Brandopfer darbringen" (2 Sam 24,24). Anders gesagt: Wir müssen einen hohen Preis zahlen, bereit sein, einen hohen Preis zu zahlen, um in neuer Beziehung (Harmonie?) mit dem Planeten leben zu können. Ein billiges „Danach" wird es dauerhaft nicht geben.*

Und auch keine „Rückkehr zum Alten", sage ich.

Das wäre ein billiges Danach.

So suchen wir, sage ich, *einen teuren Neuanfang. Einen Anfang, der uns teuer ist, aber nicht kostspielig. Anfangen mit dem, was uns lieb und teuer ist, was nicht gekauft, nur geschenkt wer-*

den kann. Das haben wir ja auch ein wenig ein-
üben können in den Zeiten des Nichtkaufens und
Nichtreisens.

König David hat nach der Seuche vor allem
zwei Dinge gemacht: Frieden gesucht und an die
zukünftigen Generationen gedacht, sagt die Theologin.

Das ist doch ein guter Neuanfang.

Hoffnung ist Wasser
für den inneren Garten

Wir brauchen Hoffnung, sagt der Journalist. Er ist es wohl müde, eine schlimme Nachricht nach der anderen zu verbreiten. Neue Zahlen über Erkrankte, neue Zahlen über Todesfälle, neue Zahlen über den Wirtschaftseinbruch.

Wir brauchen Hoffnung, wiederholt er.

Hoffnung ist Wasser für den inneren Garten, sage ich. *Ohne Wasser kann nichts blühen. Ohne Wasser kann man nicht leben.*

Hoffnung ist wie frische Luft. Sie weht Weite in einen abgestandenen Raum, sagt der Journalist. *Die Zahlen, die ich berichten muss, werden immer größer, aber auch immer abgestandener.*

Hoffnung kann man nicht kaufen, sie kann nur geschenkt werden, meine ich.

Der Journalist seufzt: *Wenn so viele Menschen*

sterben, wenn alles stillsteht, wenn so viele ver-
zweifeln, weil sie nicht mehr weiterwissen ... Da
brauchen wir eine gigantische Dosis Hoffnung!

Mir drängt sich ein Bild auf: schwere Lastwägen, die Hoffnung in die Städte bringen; ähnlich
den Trinkwassertransporten, wie ich sie in Kenia
oder in Palästina gesehen habe. *Hoffnung* steht
in großen Lettern auf diesen Lastwägen, die mutig und zielsicher in die Orte der Verzweiflung
fahren, zu den Krankenhäusern oder über die
menschenleeren Straßen zu den riesigen Wohn-
blocks, in denen viele Menschen auf engem
Raum zusammenleben. Und dort laden sie die
kostbare Fracht aus, die Hoffnung, das wertvolle
und mitunter auch knappe Gut, das uns morgens
aufstehen und tagsüber weitergehen lässt.

Freilich: so funktioniert es nicht. Hoffnung
kann nicht bestellt oder gekauft, abgemessen
und ausgehändigt werden. Wie würde das klin-
gen: „Ein Viertelkilo Hoffnung bitte" – und der
Verkäufer im Hoffnungsgeschäft wiegt die Ware sorgsam ab, packt sie ein und reicht sie über
den Ladentisch oder die Feinkostabteilung des
Supermarkts. Feinkost ist Hoffnung allemal.

Wir brauchen eine gigantische Dosis Hoffnung, hat der Journalist gesagt.

Oder vielleicht gerade das Gegenteil von „gigantisch".

Der französische Denker und Philosoph Charles Péguy hat die Hoffnung als die kleine Schwester, die man nicht recht beachtet, beschrieben; als die kleine Schwester, die selbst Gott erstaunt. Gott staunt über die Kraft der göttlichen Gnade, die die Hoffnung mitreißt wie ein Strom. „Diese kleine Hoffnung, die nach so gar nichts aussieht. Dieses kleine Mädchen Hoffnung. Die Unsterbliche."

Vielleicht brauchen wir jetzt gerade das Kleine und Unscheinbare. Schließlich haben wir es mit Kleinem und Unscheinbarem zu tun. Es ist ja doch erstaunlich, dass es nicht große Armeen und Panzer, Kriegsschiffe und schweres Gerät, teure Ausrüstung und komplizierte Apparaturen sind, die die Welt zu einem Stillstand gebracht haben. Es ist ein winziges Virus.

Goliath kann David nicht besiegen, wenn er bei seinen Waffen bleibt. Wir brauchen das Kleine, das Unscheinbare, das sich verbreiten kann „wie ein Lauffeuer".

Wir brauchen Hoffnung, die ansteckt, sage ich.

Der Journalist, der wohl schon viele Interviews geführt hat, schaut mich an und meint nachdenklich: *Ich habe immer wieder Menschen getroffen, die Hoffnung ausstrahlen, so sehr, dass sie mich richtiggehend damit infiziert haben.*

Hoffnungsträger also.

Ja, Hoffnungsträger, sagt der Journalist. *Ich erinnere mich an ein Gespräch mit Marko Feingold, der erst letztes Jahr im 107. Lebensjahr verstorben ist – er war der älteste Holocaust-Überlebende in Österreich, hat vier Konzentrationslager überlebt und bis zuletzt die Hoffnung auf eine bessere Welt genährt und aus dieser Hoffnung gelebt. Das war geradezu ansteckend.*

Menschen wie Marko Feingold nähren die Hoffnung – oder auch Geschichten, die uns im Glauben an die Kraft des Guten bestärken, sage ich.

Wenn man die Augen aufmacht, kann man schon einiges sehen, was Hoffnung blühen lässt, gibt der Journalist zu. *Da ist die Geschichte von Charo, die an ihrem 80. Geburtstag allein in ihrer Wohnung in Madrid festsaß. Ihre Nachbarn stellten ihr einen Geburtstagskuchen vor die Tür und brachten ihr ein Ständchen dar ... Da ist die Geschichte von Kindern in Nebraska, die Genesungskarten für Erkrankte gebastelt haben. Die Geschichte eines Sternekochs in Berlin, der eine Initiative „Kochen für Helden" gegründet hat und für Ärztinnen und Ärzte, Krankenschwestern und Pfleger kocht. Oder die Geschichte von der Idee „Händler helfen Händlern", durch die Menschen, die sonst nicht im Lebensmittelhandel arbeiten, während der Krise dort Arbeit finden.*

Diese Geschichten sind wie Dünger für den Boden, auf dem die Hoffnung blühen kann, erwidere ich. *Jede kleine Geste nährt die Hoffnung.*

Das gilt auch für die Balkonkonzerte in Italien, die liebevoll gemachten Videos, die mit Freunden geteilt werden, die Gabenzäune für Obdachlose. Ich weiß von Menschen, die backen lernen, andere haben mit Stricken begonnen, wieder andere lernen ein Musikinstrument, auch Haareschneiden will nun gelernt sein. Man könnte eine ganze Serie machen. „Was wir bislang nicht getan haben, aber nun mit Freude tun."

Die Hoffnung, die wir brauchen, denke ich mir, ist wie ein Gemeinschaftsgarten, zu dem alle beitragen können, von dem aber auch alle ernten dürfen. Das hat viel mit dem rechten Blick zu tun.

Das kleine Mädchen Hoffnung, von dem Charles Péguy schreibt, ist wie ein kleines Kind, das die Eltern zwingt, den Blick auf Dinge zu richten, die sie sonst nicht wahrgenommen hätten. Welche Eltern erinnern sich nicht an ein Lieblingswort kleiner Kinder: „Schau!" Ich habe noch sehr gut im Ohr, wie unsere Tochter Magdalena als kleines Mädchen immer wieder, mit Begeisterung und Eindringlichkeit, gesagt hat: „Schau!" Sie hat auf etwas gezeigt oder sie hat unsere Hand genommen und uns zu dem für sie bemerkenswerten und erstaunlichen Ding geführt. Schau!

Das kleine Mädchen Hoffnung nimmt uns bei der Hand und zwingt uns mit der Beharrlichkeit eines eigensinnigen Kindes, den Blick auf Anderes, auf Neues zu richten. Den Blick auf Hoffnungsträger und Hoffnungsgeschichten. Den Blick auf das, was wir tun können, um selbst Hoffnungsträger und Hoffnungsbringer zu sein.

Hoffnung ist nicht billig, sage ich. *Billiger Optimismus ist blind und naiv und vorschnell. Das ist gerade nicht die teure, kostbare Hoffnung, die um das Elend weiß, aber dem Elend nicht das letzte Wort überlässt. Teure Hoffnung ist „bewohnte Hoffnung", die mit dem Zeugnis des eigenen Lebens gefüllt ist. Sie trotzt der Dürre des Katastrophenlebens einen blühenden Zweig ab. So wie die Taube in der hebräischen Bibel im Buch Genesis – sie bringt nach der Sintflut, die Vernichtung über die Welt gebracht hat, einen frischen Olivenzweig. Die Kunst ist es wohl, nicht erst auf das Ende der Krise zu warten, sondern jetzt schon nach Olivenzweigen zu suchen.*

Mit jedem Olivenzweig kommen wir dem blühenden Garten nach der Krise näher, meint der Journalist, der nun zum Philosophen wird.

Und wenn ich noch eines sagen darf, wage ich mich an ein Schlusswort: *Der erste Schritt zum Olivenzweig nach der Sintflut in der Bibel war schlicht: „Noach öffnete das Fenster der Arche, das er gemacht hatte" (Genesis 8,6). Wir brauchen Fenster in die Weite des Lebens, wir brauchen auch den Mut, diese Fenster zu öffnen, selbst wenn dann etwas Wind und Dreck hereinkommen könnten.*

Lesen Sie meine Zeitung, holt sich der Journalist nun doch das letzte Wort. *Sie ist ein Fenster in die weite Welt.*

Einübung in eine
neue Behutsamkeit

Diese Durchbrechung erzwingt Neues.

Die Entwicklungsforscherin ist ganz in ihrem Element.

Es gibt Veränderungen, die wir planen, und es gibt Veränderungen, die wir nicht planen. Manche ungeplanten Veränderungen sind erwünscht, andere sind unerwünscht. Manche unerwünschten Veränderungen sind dauerhaft, manche sind umkehrbar. Die Krise, wie wir sie nun erleben, ist ungeplant, unerwünscht, unumkehrbar.

Unumkehrbar?

Es wird etwas Neues entstehen; wir haben es hier nicht mit einer „Unterbrechung" zu tun, wo einmal kurz Pause ist und dann alles so weitergeht wie bisher. Was wir hier sehen, ist eine „Durchbrechung", da wird eine ganze Lebens-

form durchschnitten, wir müssen uns neu auf-
stellen.

Die Unterscheidung ist mir vertraut – eine „Unterbrechung" (inter-ruptio) ist ein zeitweiliges Aussetzen einer Tätigkeit oder eines Ablaufs. Ein Fußballspiel wird etwa unterbrochen, wenn ein Spieler am Feld behandelt werden muss. Und nach dieser Unterbrechung geht es wieder weiter. Eine „Durchbrechung" (dis-ruptio) ist ein Abbruch, nach dem es anders weitergeht. Der Faden wird nicht wieder dort aufgenommen, wo er zu liegen kam. Für Österreich, um ein Beispiel zu nennen, war der Erste Weltkrieg nicht bloß eine „Unterbrechung" von Friedenszeiten, der Krieg hat das bisherige politische und soziale Gefüge zerschlagen und einen Neubeginn erzwungen.

Damit bedeutet die Pandemie auch: Neuanfang, sage ich, erzwungener Neuanfang.

Ein Neuanfang, allerdings nicht nach einer Pause, sondern nach einem Bruch. Der russisch-amerikanische Gesellschaftswissenschafter Pitirim Sorokin schrieb in den 1940er Jahren in einem Buch mit dem Titel „Man and Society in Calamity" über Katastrophen (Krieg, Revolution, Hunger,

Epidemien) sinngemäß: Eine Gesellschaft ist nach einer Katastrophe nicht mehr dieselbe. Katastrophen wie die Pest, der Peloponnesische Krieg oder der Erste Weltkrieg, die Französische oder die Russische Revolution haben einen tiefen sozialen Wandel mit sich gebracht, tiefer als Veränderungen unter normalen Umständen über Jahrzehnte. Katastrophen durchbrechen und verändern zweifellos soziale Organisationen und Institutionen am tiefsten.

Sorokin hat uns heute immer noch einiges zu sagen, denke ich mir. Ich erinnere mich, wie er über Katastrophen als „Monster" geschrieben hat, die den gewohnten Lebensfluss von Individuen zerstören. Er beschreibt das Leben von Gesellschaften als zyklisch: Frieden und Wohlbefinden, dann Katastrophen, die viel zerstören, dann wieder eine Phase von Frieden und Wohlbefinden. Tatsächlich hat Österreich seit 1945 die Gnade des Friedens und Wohlstands genossen. Sorokin beschreibt zwei Haupteffekte einer Katastrophe: Alle Verarbeitungsanstrengungen konzentrieren sich auf die Katastrophe, es bleibt kaum Raum für anderes. Und zweitens: damit ist die Einheit des „Selbst" gefährdet, weil man andere Themen kaum mehr integrieren kann. Ich denke an die vielen Kranken auf dieser Welt, die nicht von Covid-19 betroffen sind. Ich denke an die vielen Nachrichten, die wir nun gar nicht mehr bekommen, weil die Pandemie die Themenoberherrschaft in geradezu diktatorischer Manier übernommen hat. Ich denke auch an die Energie, die es kostet, die massiven Veränderungen des politischen Lebens und der eigenen Lebensführung zu verarbeiten. Wer mit Verlust zurechtkommen will, muss anstrengende Trauerarbeit leisten.

Eine Katastrophe lässt das Leben immer in ein „Davor" und ein „Danach" einteilen, sage ich. *Sorokin schlägt vor, dass man sich um „Integration" bemüht, um Integration von Vernunft und Intuition, um Integration aller Wissensformen. Dann kann das „Danach" auch wieder ein „Ganzes" werden.*

Wenn wir das Gelernte nicht integrieren, werden wir schlichtweg untergehen, sagt die Entwicklungsforscherin.

Was heißt „integrieren"?, frage ich.

Integrieren heißt: So zu leben, dass wir uns das

Gelernte in eigenen Lebensgewohnheiten und Lebensformen zu eigen machen.

Was haben wir gelernt?

Wir haben hoffentlich gelernt, wie verbunden diese Welt ist – wir bilden tatsächlich eine große Menschheitsfamilie. Wir haben hoffentlich gelernt, dass es uns langfristig schadet, wenn wir kurzfristig das Maximum aus der Welt herausholen wollen – ein Maximum an Ressourcen, aber auch ein Maximum an Mobilität, an Erlebnissen, an Abenteuer. Das Zeitalter von „Fortschritt durch Gewalt" ist vorbei.

Also Einübung in eine neue Behutsamkeit?

In der Tat: Einüben in eine neue Behutsamkeit.

Und wenn wir das nicht lernen?, frage ich ein wenig bang.

Ich frage deswegen, weil ich nicht den Eindruck habe, dass wir als Menschheit viel aus der Finanzkrise von 2008 gelernt haben. Mich erinnert das ein wenig an eine Studie, von der ich einmal gelesen habe: Was machen Männer (nicht Frauen!), wenn sie auf dem Eis ausrutschen? Antwort dieser Studie: Sie gehen danach besonders unvorsichtig weiter, um dem dummen Eis zu zeigen, wer der Herr ist. Könnte uns das nicht auch wieder passieren?

Also stelle ich die bange Frage: *Und was passiert, wenn wir die neue Behutsamkeit nicht lernen?*

Dann werden wir untergehen.

Untergehen?

Ja, untergehen. Es sind doch schon einige Gesellschaften untergegangen. Verschwunden. Vernichtet. Ausgestorben. Zerstört. Denk an die Osterinsel.

Das sagt mir etwas. Eine kleine Vulkaninsel im Ozean, 170 Quadratkilometer, 3700 Kilometer vor dem chilenischen Festland, auch Rapa Nui genannt. Im Jahr 1722 hat ein holländisches Schiff unter Kapitän Jacob Roggeveen am Ostersonntag (5. April) die Insel erreicht und deswegen „Osterinsel" genannt. Die Seeleute waren fasziniert von hunderten übermannshohen Skulpturen aus Vulkangestein, die sie auf der Insel vorfanden. So reich die Insel an diesen Skulpturen und Rätseln war, so arm war sie an Wald und Vegetation – sie war bereits Anfang des 18. Jahrhunderts nahezu entwaldet. War es Raubbau an den Palmwäldern, der zur ökologischen Katastrophe geführt hatte? Eine Katastrophe muss sich schließlich ereignet haben, sonst ist der Sprung von der Hochkultur zum Niemandsland schwer zu erklären. Es gibt verschiedene Überlegungen zum Untergang der Osterinsel. Eine jüngere Theorie besagt, dass Polynesier Ratten auf die Insel eingeschleppt hatten, die sich millionenfach vermehrten, keine natürlichen Feinde hatten und die reichlich vorhandenen Palmensamen auffraßen. Aber ob nun Raubbau an der Natur oder unbedachtes Einschleppen von Schädlingen – in jedem Fall haben wir es mit einem Mangel an Behutsamkeit zu tun.

Ja, die Osterinsel, sage ich also. *Behutsamkeit heißt da: Vorsicht und Umsicht und langfristiges Denken und ein Berücksichtigen von möglichen Konsequenzen unseres Tuns.*

„Behutsamkeit", denke ich mir, ist ein schönes Wort. Behutsam zu sein heißt: das Kostbare behüten. Das Wertvolle nicht durch Unachtsamkeit aufs Spiel setzen. Die Osterinsel könnte ein Beispiel für fehlende Behutsamkeit sein.

Das ist dann fast wie ein neuer kategorischer Imperativ, sagt die Entwicklungsforscherin.

Du meinst die Idee von Immanuel Kant, dass wir stets so handeln sollen, dass der leitende Gedanke, der unserem Handeln zugrunde liegt, verallgemeinert werden kann? Im Sinne der Frage: Was wäre, wenn das alle täten? (Den Satz verwenden wir ja auch in der Kindererziehung: Überleg dir, was passiert, wenn das alle machen würden!)

Die Entwicklungsforscherin nickt. Dann teilt sie ihre Einsicht mit: *Der neue kategorische Imperativ lautet: Was wäre, wenn wir das auf Dauer tun?*

Nun nicke ich. Der Gedanke leuchtet ein. Wir müssen aus der Krise eine neue Behutsamkeit lernen, Geduld auch im Ertragen von Mühen, eine neue Langsamkeit, einen neuen Blick in die Weite, der uns den langen Atem gibt (der durch die Lungenerkrankung Covid-19 abgeschnitten wurde).

Der Schlusssatz meiner Gesprächspartnerin: *Denk an die Osterinsel!*

Auf einmal tun alle so,
als wäre ich wichtig

Auf einmal tun sie so, als wäre ich wichtig, sagt der Raumpfleger.

Du bist doch immer wichtig, sage ich, *immens wichtig. Wenn es einen weltweiten Streik des Reinigungspersonals gäbe, wie würden sie dann aussehen: unsere Geschäfte, Bahnhöfe, Betriebe, Büros? Da können wir nicht mehr so tun, als wären wir „kultiviert", wenn alles im Dreck erstickt. Du bist natürlich wichtig!*

Das sagt mir mein Lohnzettel aber nicht, antwortet mein Gegenüber. *Die Reinigungsfirma, bei der ich arbeite, zahlt gar nicht gut.*

Darauf weiß ich nichts zu erwidern – beziehungsweise das, was ich hätte sagen wollen, hätte die hochbezahlten Menschen im Management beleidigt. Ich erinnere mich an eine Unterschei-

dung zwischen „wesentlichem" und „nichtwesent-
lichem" Personal. Als man in den USA im Januar
2019 aufgrund der extremen Kälte einige Uni-
versitäten schließen musste, hat man die Grenze
zwischen „wesentlich" und „nichtwesentlich" neu
gezogen. Die Universitätsleitung, die Professorin-
nen und Professoren, die Institutsdirektorinnen
und Institutsdirektoren konnten zuhause bleiben,
während diejenigen, die für die Universitätsküche
zuständig waren, trotz der extremen Kälte zum
Dienst erscheinen mussten, um die Studierenden zu verpflegen. In Zeiten einer Krise zeigt sich
Not-Wendendes und Not-Wendiges.

Du bist not-wendig, sage ich.

*Dann hätte ich gern das Geld für alles Notwen-
dige und ein bisschen was drauf.*

Wieder weiß ich nichts zu sagen. Glauben
wir denn wirklich, dass ein Fußballspieler so
viel mehr für das Gemeinwohl tut als eine Reinigungskraft? Aber wir alle wissen, dass „Beitrag
zum Gemeinwohl" nicht das Kriterium für die
Entlohnung ist.

Auf einmal tun sie so, als wäre ich wichtig, sagt
mein Gesprächspartner. *Ich soll besonders gründ-*

lich putzen und besonders starke Putzmittel verwenden und besonders oft über die viel berührten Flächen fahren.

Es geht um Leben und Tod, will ich sagen, sage es aber nicht.

Auf einmal tun sie so, als wäre ich wichtig. Und wenn wieder alles beim Alten ist, werde ich wieder unsichtbar sein.

Unsichtbar zu sein ist eine Form der Demütigung. Reinigungskräfte sind für viele Augen unsichtbar. Man grüßt sie nicht, man findet es eher irritierend, sie sehen zu müssen, weil sie doch die Abläufe stören. Florence Aubenas, eine französische Journalistin, hat eine Zeit lang als Reinigungskraft gearbeitet; ich erinnere mich an eine Situation, die sie beschrieben hat: Sie putzt in einem Büro, die Tür geht auf, ein Mann und eine Frau treten ein, schließen die Tür hinter sich und der Mann sagt zur Frau: Endlich sind wir unter uns und können ungestört reden. Und im selben Raum ist die – unsichtbare – Raumpflegerin! Wie leicht doch das, an dem alles hängt, übersehen wird. Wie die Luft, die wir atmen.

Ja, murmelt die Reinigungskraft, *wenn wieder*

alles beim Alten ist, werde ich wieder unsichtbar sein.

Ich glaube nicht, dass alles wieder beim Alten sein wird, sage ich. *Schon am Tag des 11. September 2001, dem Tag der Terroranschläge auf New York, haben viele erkannt, dass dieser Tag die Welt verändern wird.*

Ich erinnere mich an einen Gedanken von Ulrich Beck nach dem 11. September – er hat gemeint, dass die Grenze zwischen „Innenpolitik" und „Außenpolitik" nun verschwommen ist; wir haben uns in eine „Weltinnenpolitik" hineinbewegt. Das hat ja auch das Coronavirus bewirkt. Selbst wenn sich Staaten verzweifelt bemühen, sich abzuschotten und die Gesundheit als nationales Problem zu sehen – wir befinden uns alle auf einem Planeten, das Virus lässt sich durch Grenzen nicht stoppen.

Glaubst du, dass das Putzen wichtiger wird?, werde ich gefragt.

Ich denke schon, sage ich, *dass es ein neues Misstrauen gegenüber „Mensch und Welt" gibt, dass Menschen mit dem, was sie berühren, und mit der Weise, die Welt zu bewohnen, vorsichti-*

ger, vielleicht auch ängstlicher geworden sind. Das wird uns wohl noch begleiten.

Werde ich dann mehr geschätzt werden?

Das Virus hat Putzen und Reinigen in ihrem Sinngehalt noch verstärkt; das sind ja Handlungen, die einen handfesten Wert haben, der nicht bloß symbolisch ist oder gar bürokratisch.

Ich weiß, was du sagen willst, erstaunt mich der Raumpfleger: *Putzen hat ein sichtbares Ergebnis, das kann man richtig angreifen; und wenn wir jetzt auch noch wissen, dass gründliches Putzen das Risiko einer lebensbedrohlichen Erkrankung reduzieren kann, dann wird das Putzen doppelt wichtig. Und zwar in einem handfesten Sinn – im Unterschied zu bloß symbolischen Handlungen wie eine Kranzniederlegung oder auch im Unterschied zu bürokratischen Handlungen wie das Ausfüllen eines Formulars bei einer Volkszählung.*

Er hat den Punkt getroffen. Viele Institutionen leiden an „pro forma"-Handlungen, die man nur ausführt, damit man sagen kann, man habe sie ausgeführt. Mir fällt ein Beispiel ein: Ich habe einmal eine Gruppe von amerikanischen Studierenden für eine Woche nach Österreich geführt; wir wurden in einem eigenen Seminar von der amerikanischen Universität auf die Risiken in dieser Woche vorbereitet – was sollten wir im Falle eines Terroranschlags, eines Erdbebens oder eines Vulkanausbruchs tun. Die Vorstellung von einem Vulkanausbruch in Salzburg faszinierte mich besonders. Ich musste der Seminarleiterin sagen, dass mir im Falle einer solchen Katastrophe kein Vorbereitungsseminar wirklich helfen könne; worauf ich die Antwort erhielt: Ich weiß, aber es ist wichtig, dass wir sagen können, wir haben dieses Seminar abgehalten ...

Das sind „bürokratische Handlungen"; Handlungen, die in sich wenig Wert haben, deren Sinn aber darin besteht, zu sagen, man habe es durchgeführt.

Putzen ist keine bürokratische Handlung, sage ich. *Sauberkeit kann man nicht mit schönen Worten herstellen. Das Coronavirus hat die Grenzen des Geschwafels aufgezeigt. Der Populismus in der Politik kommt an Grenzen, weil sich die Notsituationen nicht leugnen lassen.*

Dreck lässt sich auch nicht leugnen, meint der Raumpfleger.

Eben, sage ich, *du bist ein Held des Alltags.*

Ich mag dieses Wort nicht, bekomme ich zur Antwort. *Ich bin kein Held und was wir hier haben, ist wirklich kein Alltag!*

Deswegen bist du ja ein Held, will ich sagen, tue es aber nicht.

Wir brauchen einen neuen Sozialvertrag

Wir brauchen einen neuen Sozialvertrag, sagt die Philosophin.

Ich pflichte ihr bei. Wir brauchen ein neues Miteinander.

Wir brauchen einen neuen Sozialvertrag zwischen der privaten und der öffentlichen Hand, sage ich.

Ich erinnere mich an ein Buch, das vor zehn Jahren erschienen ist. Damals hat der deutsche Philosoph Peter Sloterdijk ein Buch über das Steuerzahlen veröffentlicht; darin schlug er wortgewaltig vor, Steuern als Zwangsabgaben zu ersetzen durch freiwillige Spenden. Neben harscher Kritik erntete er auch einigen Zuspruch. Man solle das soziale Gleichgewicht der unsichtbaren Hand des Marktes überlassen, war aus einigen Kreisen zu hören. Der Staat nimmt, die Bürgerinnen und Bürger geben, so konnte man lesen. Steuern seien ein Überbleibsel eines feudalen Zeitalters, in denen sich ein Feudalherr schamlos an den Untertanen bereichert habe. Ich denke mir: Unsichtbare Hände sind in Zeiten der Krise zu wenig; ein Nachtwächterstaat, der nur ein Minimum an Aufgaben wahrnehmen kann und soll, reicht in der Not nicht aus. Gesetze des Marktes schützen in einer Pandemie die Schwächsten und Verletzlichsten nur unzulänglich. Eine neue Achtung vor der öffentlichen Hand ist angesagt.

Das ist aber noch nicht alles, sagt die Philosophin. *Die Wirtschaft, wenn ich diesen Begriff einmal so pauschal verwenden darf, hat lange weder für die Ausbeutung der Umwelt bezahlt und bis zuletzt auch nicht für die öffentliche Gesundheit. Gesundheit ist das Gut, das die Wirtschaftskreisläufe ermöglicht hat. Wenn es um ein wenig Fitbleiben geht, kann das ja eine private Angelegenheit sein. Wenn es aber ernst wird, braucht es Krankenhäuser und Intensivstationen und eine öffentliche Versicherung. Man kann einer Pandemie schließlich nicht sagen, sie solle sich bitte nur auf diejenigen stürzen, die privat versichert sind.*

Das leuchtet ein. Die Idee, dass alle für sich kämpfen, wird schaurig und grausam in Zeiten eine Krise, die die Schwächsten am schnellsten überrollt. Es ist eben nicht der Fall, dass Menschen am meisten leisten, wenn sie am Boden liegen und getreten werden. Es ist eben nicht der Fall, dass eine Gesellschaft das Beste aus den Menschen herausbringt, wenn diese auf sich allein gestellt, nur den eigenen Vorteil im Blick, kämpfen.

So hat es Eva Illouz ausgedrückt: „Der Bluff des Neoliberalismus muss beim Namen genannt werden."

Die Philosophin pflichtet mir bei.

Es ist nun eine neue Situation, sagt sie. *Wir sind an einem Punkt angekommen, wo wir mit einer neuen Zerbrechlichkeit leben müssen. Der Raubbau an der Natur hat das Gleichgewicht gefährdet und die stabile Ordnung aus dem Lot gebracht. Es wird wohl nicht so sein, dass diese Krise vorübergeht und dann wieder alles so wird wie vorher. Wir werden lernen müssen, mit dieser neuen Zerbrechlichkeit zu leben, zu wirtschaften.*

Wir beobachten ohnehin ein Zunehmen von Phänomenen, die uns die Fragilität des globalen Systems vor Augen führen – seien es Dürren, seien es Tornados, seien es Überflutungen. Nach einem Zeitalter von „Widersachergewalt", wie wir sie in den Weltkriegen gesehen haben, wo Mensch gegen Mensch kämpfte, finden wir uns nun in einem Zeitalter der „Naturgewalt", die zwar auch menschengemacht ist, aber zunächst nicht ein Kampf von Mensch gegen Mensch ist. Das kann allerdings noch kommen.

Das kann allerdings noch kommen, kommentiert die Philosophin. *Wenn die natürlichen Ressourcen knapp werden, werden auch die Konflikte zunehmen. Die Krise, wie wir alle sehen, verschärft die Ungleichheiten auf grausame Weise.*

In den Vereinigten Staaten von Amerika zeigt sich die Ungleichverteilung der Gefährdung, sage ich. *Die afroamerikanische Bevölkerung zum Beispiel ist überproportional von der Lungenerkrankung Covid-19 betroffen, was Infektionen, aber auch und gerade was Todesfälle angeht. Neben dem sozialen Ungleichgewicht werden auch die politischen Machtverhältnisse deutlich – viele*

Bürgerinnen und Bürger fühlen sich den Regierungen, die per Notverordnung regieren, ausgeliefert. Und es mehrt sich die Sorge, dass Gewalt aufgrund von Verzweiflung und Frustration zunehmen könnte. Der Verkauf von Schusswaffen hat in den USA auffallend zugenommen.

Die Philosophin denkt nach.

Wir müssen lernen, sagt sie dann, *mit der neuen Zerbrechlichkeit als ständiger Begleiterin zu leben. Es wird von nun an nicht mehr so leicht und selbstverständlich sein, Pläne zu machen. Wir können nicht mehr wie selbstverständlich ein Maximum in die Zeit, die wir haben, hineinstopfen. Hier werden uns Vorsicht und Verlangsamung aufgezwungen. Wenn du heute einen Plan machst, musst du dir einen größeren Spielraum zurechtlegen, einen Plan B und einen Plan C entwickeln.*

Wir könnten auf dem Weg in eine neue Ära des Nichtmaximalen sein, überlege ich. *Der so einfache Grundsatz der Profitmaximierung hat sich als verheerend erwiesen, wenn man sich ansieht, wie die Natur und nun auch die globale Ordnung aus den Fugen geraten ist. Profit wird es natürlich brauchen, um wirtschaftlich über Wasser zu blei-*

ben. Aber die Zeiten von Profitmaximierung sind vorbei, die Zeiten, in denen wir versucht haben, mit Blick auf den kurzfristigen eigenen Vorteil das Maximum aus allem herauszuholen. Wir werden lernen müssen, weniger zu nehmen, selbst wenn wir mehr herauspressen könnten. Und dieses „Weniger" wird ein „Mehr" an langfristigen Lebensmöglichkeiten sein.

Die neue Zerbrechlichkeit muss zu einer neuen Genügsamkeit führen, setzt die Philosophin den Gedankenweg fort. *Wir müssen mit der neuen Unberechenbarkeit rechnen lernen. Wir müssen lernen, mit der neuen Unplanbarkeit zu planen. Wir müssen bestimmte Dinge anders machen – etwa die Frage der Grundsicherung von Menschen. Ich war stets skeptisch gegenüber einem Grundeinkommen ohne Arbeit; aber jetzt ist die Zeit, wo wir auch über diese Frage neu und anders nachdenken müssen. Es kann nicht sein, dass die Kluft zwischen Habenden und Nichthabenden größer und größer wird, dass immer mehr Menschen vom gesellschaftlichen Zug abgehängt werden wie ein überflüssiger Eisenbahnwaggon. Wir brauchen einen neuen Sozialvertrag.*

Ich denke mir: Ein neuer Sozialvertrag ist nicht alles. Es braucht auch neues Vertrauen. Vertrauen kann durch Verträge nicht ersetzt werden. Es braucht ein neues Vertrauen in die Staaten, dass die öffentliche Hand die privaten Ängste nicht ausnutzt für den Aufbau eines Überwachungs- und Kontrollstaates. Es braucht ein neues Vertrauen in die Bürgerinnen und Bürger, dass ihre privaten Vorlieben (etwa für Zusammenkünfte und Familienfeiern) nicht die öffentlichen Gesundheitsinteressen aushöhlen; es braucht auch ein neues Vertrauen der Bürgerinnen und Bürger zueinander, dass jede und jeder das Ihre und das Seine tun.

Ich erinnere mich an eine Ärztin, die mir zum Zeitpunkt des nationalen Hausarrests geschrieben hat: „Die Stimmung ist eigentümlich, es gibt zwar so etwas wie einen Zusammenhalt, trotzdem findet eine gefährliche Distanzierung der Menschen statt, keiner redet mehr miteinander im öffentlichen Raum, jeder hat Angst vor dem anderen, die Aggressivität steigt, je länger die Maßnahmen dauern."

Wir brauchen einen neuen Sozialvertrag, aber

noch viel mehr brauchen wir eine neue Vertrauenskultur, sage ich.

Eine Krise erschüttert unser Vertrauen in die Welt, in die Umwelt, in die Gesellschaft, in die Mitbürgerinnen und Mitbürger. Die Philosophin sieht mich ernst an. *Es ist auch unser Vertrauen in das Gewinnstreben beschädigt worden. Die Krise ist wie eine Warnung. Ich vergleiche das mit einem Menschen, der jahrzehntelang unvernünftig lebt: Er bricht zusammen, kommt ins Krankenhaus, springt dem Tod noch einmal von der Schaufel, weiß aber: Wenn du so weitermachst wie zuvor, wird der Tod mit all den Schaurigkeiten unausweichlich sein. Die Maßlosigkeit hat wesentlich mit der Situation, in der wir uns befinden, zu tun. Die Welt litt an der „Sucht nach immer mehr". Diese „Immermehrsucht" hat zu vielen lokalen Katastrophen, zu einer Finanzkrise, nun zu einer globalen Pandemie geführt. Jetzt sind wir auf Zwangsentzug. Wir werden aber unser Leben lang Gezeichnete sein, von der Immermehrsucht Gezeichnete.*

Und wie sollen wir damit umgehen?, frage ich.

Weißt du, wie es die Gemeinschaft der Anonymen Alkoholiker macht?

Ich habe eine ungefähre Idee. *Sie kommen re-gelmäßig zusammen, erzählen einander ihre Ge-schichten und niemand verurteilt den anderen.*

Das müssen wir tun, sagt die Philosophin. *Wir brauchen einen neuen Sozialvertrag, nach dem wir einander unsere Geschichten erzählen und ei-nander nicht verurteilen.*

Ich vertraue ihr, auch ohne Vertrag.

Weißt du, was die Geburtsstunde der Neuzeit ist?

Weißt du, was die Geburtsstunde der Neuzeit ist?, fragt mich der Historiker.

Das ist eine Frage, auf die es viele Antworten gibt. Ich habe den Verdacht, er will etwas ganz Bestimmtes hören.

Vielleicht die Einsicht in die Bedeutung der empirischen Wissenschaften oder die Entdeckung der weiten und neuen Welt oder vielleicht die Erkenntnis von der Letztbegründung der Vernunft durch Descartes?

Ich halte es mit Egon Friedell, sagt der Historiker.

Mit dem Autor der „Kulturgeschichte der Neuzeit", der vier Tage nach dem „Anschluss" im März 1938 Suizid begangen hat?

So ist es. Also, ich halte es mit Friedell. Er hat in besagter „Kulturgeschichte der Neuzeit" bemerkt, dass „die Geburtsstunde der Neuzeit ... durch eine schwere Erkrankung der europäischen Menschheit bezeichnet [wird]: die schwarze Pest."

Wir reden hier von der Pest, die zwischen 1347 und 1351 einem Drittel der europäischen Bevölkerung das Leben gekostet hat, nehme ich an?

Ja. Der schwarze Tod, die schwerste Pestepidemie, von der die europäischen Länder von Italien bis Island je heimgesucht wurden. Und es gibt doch zu denken, dass der Beginn eines neuen Zeitalters, das Ablösen einer alten Ära, durch eine Epidemie ausgelöst wurde. Sie hat ein richtiggehendes Umdenken erzwungen.

Das könnte eine Chance sein, denke ich mir. Selbst wenn wir noch keinen Namen für ein Zeitalter nach der Pandemie haben, ist sie die Einladung zu einem Neuanfang, zu einem Umdenken. Ich weiß nicht, ob das Wort „Umkehr" das Richtige ist. Das griechische Wort „metanoia" (Umkehr) kann man so verstehen: über das bisher Gedachte hinausdenken. Ein Neuanfang durch neue Weite. Vielleicht kann uns die Zeit der Enge, der Ausgangsbeschränkungen eine neue Weite schenken. Eine neue Weite durch eine neue Einfachheit; eine neue Weite durch eine neue Verwurzelung; eine neue Weite durch eine neue Besinnung auf das, was das Leben gelingen lässt und erfüllende Zeit schenkt.

Wie zeigt sich denn die Neuzeit nach der Pest im vierzehnten Jahrhundert?, frage ich den Historiker. Und bekomme die Antwort:

Auf viele Weisen. Wir haben sichtbare Architektur – die „Pestinsel" in Venedig, „Lazzaretto Vecchio", ist ein berühmtes Beispiel; nach dieser Insel, auf der Pestkranke untergebracht wurden, wurde der Begriff „Lazarett" gebildet. Das hatte massive Auswirkungen auf die Organisation des Gesundheitssystems. Die Stadt Ragusa (das heutige Dubrovnik) hat im Juli 1377 zum Schutz der Hafenstadt beschlossen, alle ankommenden Reisenden für einen Monat zu isolieren. Das war der Beginn der modernen Quarantäne. Wir sehen aber auch den Verlust des Vertrauens in kirchliche Autorität, eine neue Motivation für wissenschaftliche Forschung und eine neue Einsicht in die Verbundenheit der Menschen untereinander.

Gewissermaßen sind wir immer noch in der Neuzeit, sage ich. *Was kann uns das 14. Jahrhundert sagen?*

Ich kann vier Punkte nennen, erläutert der Historiker ein klein wenig oberlehrerhaft.

Erstens: Es ist unpassend und sogar gefährlich, die Schuldfrage zu stellen und nach „Sündenböcken" suchen zu wollen. Das vierzehnte Jahrhundert hat zu Judenverfolgungen, sogar Judenverbrennungen geführt, weil die Menschen durch den schwelenden Antisemitismus der jüdischen Bevölkerung unterstellten, Brunnen vergiftet zu haben. Halbwissen und Unwissen, Dummheit und Bosheit sind hier zusammengekommen. Tatsächlich haben sich manche jüdischen Familien aufgrund ihrer Ernährungs- und Hygienevorschriften später als der Rest einer Stadtbevölkerung mit der Seuche infiziert, was die Vorurteile geschürt hat. Zweitens: Lebensgewohnheiten und Alltag spielen eine entscheidende Rolle – die hygienischen Zustände im 14. Jahrhundert haben Rattenplagen begünstigt und Ratten trugen wiederum zur Verbreitung der Seuche bei. Drittens: die schmerzhafte Lernkurve: Anfangs versuchte man die Men-

schen in den eigenen Häusern und den Städten zu pflegen, schrittweise wurden die Maßnahmen verschärft, bis hin zur oftmals grausamen Absonderung.

Ich würde den Historiker gerne unterbrechen, er ist aber richtig im Redefluss.

Viertens: Wir müssen auf das menschliche Handeln schauen. Es gibt ja Theorien, dass die große Pest von 1347 dadurch entstanden ist, dass mongolische Truppen die Hafenstadt Kaffa auf der Krim, die als genuesisches Handelszentrum diente, belagerten und zu Eroberungszwecken Pestleichen aus den eigenen Reihen über die Stadtmauern schleuderten. Die Stadtbewohner flohen per Schiff und schleppten die Pest nach Italien ein.

Nun kann ich etwas einwerfen: *Also haben Handels- wie Machtinteressen wesentlichen Anteil gehabt?*

In der Tat. Es gibt sogar eine neue Theorie, dass die Pest im vierzehnten Jahrhundert über den Fernhandel mit Tierpelzen, also durch den Handel mit Luxusgütern, nach Europa gelangt sein könnte. Tatsache ist auch, dass vor allem Hafen-

städte und Ballungszentren besonders betroffen waren.

Das interessiert mich aus moralischer Perspektive: Welche Rolle spielt die Gier in einer Epidemie? Die Gier in ihren verschiedenen Formen als Machtgier, Geldgier, Ruhmgier? Mich interessiert aber auch: Welche Rolle spielen Verbundenheit und Verbindungen?

Aber wir können aus noch früheren Zeiten lernen, doziert der Historiker. *Vor fast zweitausendfünfhundert Jahren beschreibt Thukydides eine Epidemie in Athen; manches, das er hier aus dem Jahr 430 vor Christus schildert, klingt erschreckend vertraut: Er berichtet etwa davon, dass sich Leichen in den Tempeln stapelten, weil das grenzenlose Elend die fromme Sitte verkümmern ließ.*

Das haben wir im Eispalast („Palacio de hielo")in Madrid erlebt, der zur Leichenhalle umfunktioniert wurde, werfe ich ein.

Geschichte wiederholt sich, tragischerweise auch Tragisches, bemerkt der Historiker. *Mehr als einem lieb sein kann. Thukydides beschreibt, dass die Ärzte der Krankheit, weil sie ständig mit ihr in Berührung kamen, gerade selbst zum Op-*

fer fielen. Er schreibt auch von dem Dilemma: Die Kranken sterben, wenn sich niemand um sie kümmert und sie sich selbst überlassen werden; diejenigen aber, die die Kranken besuchen, werden selbst zu Kindern des Todes.

Das haben wir dieser Tage auch erlebt, sage ich. *Außerdem habe ich bei Javier Martínez gelesen, dass die Seuche sich in Athen durch die großzügige Aufnahme von Flüchtlingen ausbreiten konnte, was die Infrastruktur der Stadt überforderte. Eine Konsequenz der attischen Seuche war denn auch eine neue Ausländerfeindlichkeit im einst so offenen Stadtstaat.*

Das ist gut vorstellbar, meint mein Gesprächspartner. *Thukydides macht auch einige Beobachtungen über die soziale Ordnung, die die Seuche voranschreiten ließ. Er hat etwa die Einsicht, dass sich manche Menschen aus Ehrsucht in Gefahr brachten. Es war für manche „Ehrensache", einen gefährlichen Krankenbesuch abzustatten.*

Die Motive für nach außen hin edles Handeln können ganz unterschiedlich sein, steuere ich bei.

Manche haben auch, laut Thukydides, besonders schamlos gehandelt. Aber berührt hat mich, fährt der Historiker fort, *die Bemerkung, dass sich diejenigen am meisten der Kranken und Sterbenden erbarmten, die die Krankheit überstanden hatten und sie aus eigener Erfahrung kannten.*

Wer etwas wörtlich „am eigenen Leib" erfahren hat, wird sich leichter einfühlen können.

Darüber werde ich mit einer Therapeutin reden.

Die Tür in uns

Welches Gedicht braucht die Welt wohl jetzt?, fragt mich die Dichterin.

Bevor ich etwas sagen kann, fällt sie mir ins noch nicht gesprochene Wort: *Sag jetzt nicht, dass Gedichte schön sind, aber unbrauchbar. Sag jetzt nicht, dass die Welt vor allem Schutzkleidung und Beatmungsgeräte und Wirtschaftshilfen braucht, Gedichte aber nur Zierrat seien.*

Ich habe nichts gesagt, sage ich.

Davon wird die Welt nicht besser, sagt die Dichterin. *Schweigen ist gut, wenn wir in einem vollen Raum stehen, in der Leere ist sie bedrückend. Wir brauchen Gedichte! Die Kraft des Wortes. Gedichte sind Lebensmittel, wenn Speis und Trank und Medizin versagen.*

Schiller hat ein Gedicht über die Pest geschrieben, fällt mir ein.

Ich habe davon gehört, erwidert die Dichterin, die vielleicht nicht so gern an Schiller erinnert werden will.

Es ist ein düsteres Gedicht; ich erinnere mich an die Zeilen: „Menschen – hager – hohl und bleich – / Wimmeln in das finstre Reich."

Nun frag ich dich: ist das ein Gedicht, das die Welt jetzt braucht?

Wir brauchen Worte, die uns Kraft geben, Worte, die wir uns nicht selber sagen können.

So ist es, sagt die Dichterin triumphierend. *Wir brauchen Worte, die Kraft geben.*

Ich stimme schweigend zu. Die Vorstellungskraft ist eines der größten Geschenke, das die Menschheit ihr Eigen nennt. Vorstellungskraft ist das Vermögen, Alternativen zum Status quo zu erfassen. Status quo: das ist die Welt, wie sie ist; das ist die Wirklichkeit. Die Künstlerin, die sich malend, dichtend, formend, darstellend der Vorstellungskraft bedient, tut dies mit einem Blick auf das, was ist – und mit einem Blick auf das, was sein könnte. Durch die Macht der Vorstellungskraft ist dem Status quo das Mandat entzogen, das abschließende Wort zu sprechen. Wir sind dann nicht eingemauert in der Welt, wie sie ist. Die Arbeit der Vorstellungskraft ist wie das Herausschlagen eines Fensters. So entsteht ein Blick auf Anderes und Fremdes und Neues. Dieses Fremde kann „befremden", dieses Neue kann „erneuern", dieses Andere kann (mit Horkheimer formuliert) „die Sehnsucht nach dem ganz Anderen" nähren und stillen.

Gerade in einer Krise brauchen wir eine Idee von Weite, sage ich; *eine Idee dafür, dass die Dinge anders sein könnten.*

In einer Krise zeigt sich das Unvollkommene, sagt die Dichterin, *das Gegebene büßt an Selbstverständlichkeit ein. Einerseits wird die Welt komplizierter, weil wir vieles nicht verstehen, andererseits wird die Welt einfacher, weil sie auf das Wesentliche zusammenschrumpft. Da gab es einen Zeitpunkt, wo es Menschen irritiert hat, dass sie keinen Blutorangensaft zum Frühstück bekommen. Jetzt sind sie dankbar, wenn sie noch leben.*

Krisen erschüttern unser Vertrauen in die Welt, sage ich. Das habe ich in einem Gespräch gehört.

Deswegen brauchen wir das Vertrauen in die Sprache, das Vertrauen in die Vorstellungskraft, sagt die Dichterin. *Worte haben eine Kraft, sie ziehen dich mit; die Vorstellungskraft ist mächtig, sie zieht dich hinein in eine neue Welt. Wusstest du zum Beispiel, dass Michael Ende, ein Meister der Vorstellungskraft, jene Geschichte, die ihn bekannt gemacht hat, mit einem ersten Satz begonnen hat, ohne zu wissen, wie der zweite Satz lauten würde. Der Satz, den er einfach hingeschrieben hat, lautet: „Das Land, in dem Lukas der Lokomotivführer wohnte, hieß Lummerland und war nur sehr klein." Dann schrieb Michael Ende den zweiten Satz, ohne zu wissen, wie der dritte Satz lauten würde; er lässt sich sozusagen treiben, er tastet nach einem Weg in der Fülle der Möglichkeiten. So entstand 1958 das mittlerweile berühmte Phantasiebuch „Jim Knopf und Lukas der Lokomotivführer".*

Das hat mir so manche schöne Stunde in meiner Kindheit bereitet, sage ich. *Ich habe das sehr gern gelesen, vor allem, wenn es draußen geregnet hat oder ich mit meinem Bruder gestritten habe.*

Siehst du, sagt die Dichterin. *Die Vorstellungskraft entzieht der Gegenwart die Macht über uns.
Wir können durch eine Tür in eine andere Welt
treten. Und diese Tür haben wir alle in uns. Aber
eine Geschichte kann auch diese Tür sein oder ein
Gedicht.*

Ich denke an Erich Kästners schönes Buch
„Der 35. Mai". Ein Kind tritt mit seinem Onkel
durch einen antiken Schrank, dessen Hintertür
tatsächlich eine Tür zu einer anderen Welt ist, in
eine neue Wirklichkeit ein. Das ist die Kraft der
Vorstellung – sie schafft Türen, wo eine Wand
oder eine Mauer zu sein scheint.

*Diese Tür in eine neue Wirklichkeit kann aber
auch eine Flucht sein,* wende ich ein.

Was ist so übel an einer Flucht?, überrascht
mich die Dichterin. *Die Flucht aus Ägypten, wie
sie im Alten Testament beschrieben wird, ist doch
eine großartige Sache.*

*Aber wenn wir aus der Wirklichkeit fliehen,
können wir die Probleme nicht anpacken, können
wir dem Leid nichts entgegensetzen.*

Siehst du, das ist der Irrtum, sagt die Dichterin. *Wenn die Wirklichkeit ein Gefängnis ist, ist es*

gut, zu fliehen – und dann zurückzukommen, um die anderen zu befreien. Das ist der eigentliche Wert der Vorstellungskraft: Sie leugnet nicht die Wirklichkeit, sie verwandelt sie. Sie baut ja nicht eine Wand zwischen dir und der Wirklichkeit auf, sie öffnet eine Tür, die die Welt mit einer anderen Welt verbindet.

Ich bin mir nicht sicher, ob die Dichterin recht hat, denke an Schnulzen und Tagträume, die Idee von „Zerstreuung" und „Ablenkung". Das hat doch auch etwas Abstumpfendes, wie das dritte Glas Wein.

Die Dichterin wird zur Dozentin: *Die Vorstellungskraft oszilliert zwischen dem Möglichen und dem Not-Wendenden, zwischen dem Satz „Eine andere Welt ist möglich" und dem Satz „Eine andere Welt ist not-wendend". Und beides kann heilsam sein.*

Ich hake nach: *Wie willst du denn die Erfahrung heilen, wenn du dich in eine andere Welt flüchtest?*

Die Vorstellungskraft wird ja vom Schmerz und dem Leiden genährt, sagt die Dichterin. *Gerade dadurch kann sie Wirklichkeit wandeln.*

Ich denke an eine Geschichte, die der Dirigent Benjamin Zander erzählt hat. Er berichtet von einem jungen Musiker, der in einem bedauernswerten Zustand war, nachdem ihn seine Freundin verlassen hatte. Der junge Mann sah sich außerstande, das Konzert am Abend zu spielen. Zander ermunterte ihn dazu, denn es gehe in der Musik um Tiefe, um kraftvolle Emotionen, die den ganzen Menschen hineinnehmen. Zander zitiert ein Wort seines Lehrers Gaspar Cassadó: „Du kannst keine gute Musik machen, solange dein Herz nicht gebrochen wurde."

So sage ich: *Ein gebrochenes Herz sieht anders.*

Die Dichterin fragt: *Gilt der Satz „Man sieht nur mit gebrochenem Herzen gut"?*

Ich weiß es nicht. Ich sehe aber, worauf die Dichterin hinauswill – der Schmerz, den wir in der Krise erfahren, kann zu tiefer Schöpfungskraft führen, die uns dann die Wirklichkeit verändern lässt. In der Krise ist die Zeit, Gedichte zu schreiben, die uns anrühren, anstoßen, die uns Kraft geben und umkehren lassen.

Ein Gedicht ist eine Tür, die nach innen führt. Aber auch nach außen. Es tut gut, Gedichte im

Herzen zu tragen. Sie können in einsamen Stunden Gesellschaft leisten und Mut machen. Sie können etwas in uns in Bewegung setzen. Sie berühren den inneren See, von dem der Seelsorger gesprochen hat.

Mein Blick fällt auf ein Blatt Papier, das auf dem Tisch der Dichterin liegt.

süß ist es
zu leben
bitter fühlt es sich an
zu überleben
wenn so viele gestorben sind
sind sie gestorben?
wurden sie getötet?
ist sterben lassen töten?
ist leben loslassen?

Die Kraft aus den guten Jahren

Der Weise liest in einem Buch und schreibt Kommentare dazu.

Was liest du da?, frage ich ihn.

Das Buch Kohelet, antwortet er.

Das Buch Kohelet ist ein Weisheitsbuch, eines der jüngeren Bücher im Alten Testament, vermutlich aus dem dritten vorchristlichen Jahrhundert. Es dürfte auf Predigten oder auch Sprichwörter zurückgehen, die sich mit der Vergänglichkeit der Welt beschäftigen.

Warum liest du das Buch eben jetzt?

In einer Krise, in der so vieles umgewälzt wird, tut es gut, dieses Buch zu lesen.

Das leuchtet mir ein. Die französische Philosophin Simone Weil hat uns nahegelegt, das Buch Ijob, das vom Leiden des Unschuldigen handelt, gerade dann zu lesen, wenn man schreckliche Schmerzen leidet. Das ist also ein biblisches Buch, das du liest, wenn du Migräne hast. Einerseits verstehst du das Buch besser, weil es tiefer zu dir sprechen kann; andererseits kann dir das Buch in deiner Situation Halt geben. Die biblischen Geschichten von Hungersnöten liest du am besten, wenn du wirklich Hunger hast und fastest. Und in der Krise, in der Not, tut es gut, das Buch Kohelet zu lesen. Es ist in einer Umbruchszeit entstanden, in der sich die Frage nach dem Dauerhaften und Wesentlichen gestellt hat.

Das Buch Kohelet erinnert uns daran, dass auch das, was wir heute erleben, schon da war, selbst wenn wir den Eindruck haben, dass alles neu ist, fährt der Weise fort. *Das Buch schreibt:* „Zwar gibt es bisweilen ein Ding, von dem es heißt: Sieh dir das an, das ist etwas Neues – aber auch das gab es schon in den Zeiten, die vor uns gewesen sind" (Kohelet 1,10). *Das ist tröstlich – zum einen, weil wir sehen, dass es immer wieder, trotz großer Not, weitergegangen ist und auf die Zerstörung der Wiederaufbau folgte; zum anderen, weil*

wir uns nicht in unserer Not allein fühlen müssen,
wir können von anderen lernen.

Und was schreibst du für Kommentare?

Das Buch beschreibt im zweiten Kapitel einen
Mann, der alles besitzt, was man besitzen kann,
Weingärten und Häuser und Vieh und Gold und
auch Wissen und Bildung – und dieser Mann er-
kennt, dass nichts davon bleibt. So notiere ich für
mich: Wer viel zu verlieren hat, wird vom Risi-
ko des Verlusts stärker getroffen. Welche Freiheit
liegt doch im „Wenigen" und „Weniger".

Die Idee des Wachstums ist die Idee von
„Mehr" und hat vor allem auch mit dem Vergleichen zu tun; man vergleicht die Gegenwart mit
der Vergangenheit, man vergleicht sich selbst
mit anderen. „Mehr" ist gleichzeitig „besser".
Und gleichzeitig ist das „Mehr" der Feind des
„Genug". Wer weniger braucht, ist dem Unvor-
hersehbaren des Lebens weniger stark ausge-
setzt, wer kraftvoll „genug" sagen kann, ist weniger getrieben.

Das Viele führt in die Sorge, sage ich dann.
Heißt es nicht auch im Buch Kohelet: „Was erhält
der Mensch dann durch seinen ganzen Besitz und

durch das Gespinst seines Geistes, für die er sich unter der Sonne anstrengt? Alle Tage besteht sein Geschäft nur aus Sorge und Ärger und selbst in der Nacht kommt sein Geist nicht zur Ruhe." (Kohelet 2,22–23)

Der Weise nickt. Und führt dann aus: *Das Buch lehrt uns auch, dass es Zeiten gibt, die aufeinanderfolgen. Es kann nicht sein, dass das Wohl-Haben und der Wohl-Stand alle Zeit einnehmen. Und in Bezug auf die neue Notwendigkeit sozialer Distanzierung sagt das Buch ja auch: „Es gibt eine Zeit zum Umarmen und eine Zeit, die Umarmung zu lösen" (Kohelet 3,5).*

Dann liegt in der Umarmung, sage ich, *das kostbare Wissen um die Flüchtigkeit der Umarmung; und in der Zeit, in der die Umarmung gelöst ist, wärmt noch die Erfahrung der Umarmung.*

Wir müssen aus den sieben guten Jahren die Kraft mitnehmen für die sieben schwierigen Jahre, sagt der Weise.

Ich will ihn wahrlich nicht kritisieren, aber das steht nicht im Buch Kohelet. Hier spielt er auf das Buch Genesis an und die Geschichte von Joseph und seinen Brüdern. Der Pharao in Ägypten hat diesen Traum gehabt, den Traum von wohlgenährten Kühen, denen magere Kühe folgen; den Traum von prallen Ähren, denen kümmerliche Ähren folgen. Joseph hatte ihm den Traum gedeutet: Nach sieben fetten Jahren würden sieben magere Jahre kommen. Joseph wurde dann damit betraut, entsprechend klug zu handeln. Und das tat er: Er legte in den Jahren des Überflusses Vorräte an, hier wurde nicht verschwendet und nicht vergeudet und nicht weggeworfen. Und so waren sie gerüstet für die Hungersnot, für die mageren Jahre. Geordnet und ruhig wurde das Getreide verteilt. Auch hier wurde nicht gewuchert. Die Gier kann gefährlich sein, in guten wie in schwierigen Zeiten.

Die Gier kann gefährlich sein, in guten wie in schwierigen Zeiten, sagt der Weise. Und dann überrascht er mich mit einem Detail: *Hast du gewusst, dass am 25. Mai 1720 die „Grand Saint-Antoine" in den Hafen von Marseille eingelaufen ist, beladen mit wertvollen Waren aus der Levante? Die Eigentümer waren von Gier getrieben und wollten die Ware sofort verkaufen, obwohl sie vom Kapitän gewarnt worden waren, dass mögli-*

cherweise eine Krankheit am Schiff wütete, sieben Matrosen waren gestorben. Niemand hörte auf den Kapitän, der eigentlich eine Quarantäne vorgeschlagen hatte; die Behörden ließen sich wohl bestechen und das Schiff wurde für unbedenklich erklärt, die Waren zum Verkauf freigegeben. Und das Ergebnis? Um die hunderttausend Menschen starben an der Pest.

Was würde da das Buch Kohelet sagen?, frage ich, beeindruckt vom Wissen des Weisen.

„Wer das Können mehrt, der mehrt die Sorge", lesen wir in Kohelet 1,18. Ich verstehe das so, dass es schwer ist, genügsam zu sein, wenn es leicht ist, mehr zu tun oder mehr zu haben. Das Schwierigste für uns Menschen scheint es doch zu sein, weniger zu bekommen, wenn wir mehr gewinnen könnten, weniger zu tun, wenn wir mehr machen könnten. Das ist auch ein Zeichen von Gier: die Unfähigkeit zu sagen: Es ist genug!

Es kann auch ein Zeichen von Gier sein, wenn man sich nicht eingestehen kann, machtlos zu sein, sage ich.

Ohnmacht ist schmerzhaft, besonders für die Machtgewohnten, sagt der Weise. *Das Buch Ko-*

helet erinnert uns auch an unsere Grenzen – wir Menschen sind weniger besonders, als wir vielleicht meinen. „Denn jeder Mensch unterliegt dem Geschick und auch die Tiere unterliegen dem Geschick. Sie haben ein und dasselbe Geschick" (Kohelet 3,19) – damit ist gemeint, dass wir alle vergänglich sind, eine begrenzte Lebenszeit haben.

Und was sagt uns das Buch über den guten Umgang mit der Krise?

Es erinnert uns daran, dass Umsicht und Voraussicht späte Reue unnötig machen. „Wenn die Axt stumpf geworden ist und ihr Benutzer hat sie nicht vorher geschliffen, dann braucht er mehr Kraft – Wissen hätte ihm den Vorteil gebracht, dass er sein Werkzeug vorbereitet hätte" (Kohelet 10,10). Sorglos und leichtsinnig zu leben führt mitten ins schwere und sorgenreiche Leben hinein.

Das erinnert mich an eine andere Stelle im Buch Kohelet: „Der Mensch kennt seine Zeit nicht. Wie Fische, die ins Unglücksnetz geraten sind, wie Vögel, die ins Klappnetz geraten sind, ebenso verfangen sich die einzelnen Menschen in ihre Unglückszeit, wenn sie plötzlich über sie herabfällt" (Kohelet 9,12).

Ein schöner Satz, sagt der Weise. *Er weist uns darauf hin, wie wichtig es ist, die eigene Zeit zu kennen; die guten Jahre als gute Jahre zu erkennen und zu wissen, dass sie nicht immer andauern. Je einfacher man lebt, desto weniger leicht verfängt man sich in einem Netz.*

Nun muss ich aber doch fragen: *Und wenn man nun mitten in der Krise, im sorgenreichen Leben angekommen ist?*

Dann gelten zwei wichtige Gesetze, sagt der Weise. *Erstens das Gesetz des Gemeinsamen. Eine Krise steht ein Mensch nicht alleine durch. Das Buch Kohelet drückt das so aus: „Zwei sind besser als einer allein … Denn wenn sie hinfallen, richtet einer den anderen auf. Doch wehe dem, der allein ist, wenn er hinfällt, ohne dass einer bei ihm ist, der ihn aufrichtet" (Kohelet 4,9–10). Und zweitens das Gesetz der Würde: „Besser der Gang in ein Haus, wo man trauert, als der Gang in ein Haus, wo man trinkt" (Kohelet 7,2). Das Gesetz der Würde ist mir besonders wichtig. In der Krise kommen Menschen um; aber auch hier gilt es, Anstand, Aufrichtigkeit, Achtung zu wahren.*

Das leuchtet mir ein. Ich denke an Ingrid Betancourt, die als Geisel im kolumbianischen Dschungel gefangen war, aber auch hier darauf bedacht war, die Würde des Menschen nicht zu vergessen. Als ein Mitgefangener starb, bestand sie auf einer Schweigeminute, als kleiner Ausdruck von Ehrfurcht – auch inmitten eines wörtlichen und moralischen Dschungels.

Und was willst du mir mitgeben?, frage ich noch.

„Es gibt kein Glück, es sei denn, der Mensch kann durch sein Tun Freude gewinnen" (Kohelet 3,22). Mein Kommentar dazu: Freude liegt im eigenen Tun. Tu das Eigene. Das Eigene kannst du auch in der Krise tun. Sie kann dich vielleicht zum Eigenen führen, weil du dich nicht so leicht ablenken und verstecken kannst. Tu das Eigene.

Die Last der Unsicherheit

In welcher Währung zahlt man für Unsicherheit?, fragt mich die Therapeutin.

Ich verstehe nicht, was sie meint.

Bezahlst du mit Abstumpfung und Ablenkung oder mit Spannung und Aufregung?

Ich kann ihr immer noch nicht folgen.

Das Leben mit Unsicherheit ist anstrengend; man braucht dazu eine besondere Begabung. Die amerikanische Psychologin Pauline Boss hat jahrelang mit Familien gearbeitet, die ein Familienmitglied vermissen. Die Familie weiß nicht, ob der Vater oder die Schwester oder der Onkel oder die Tochter noch lebt. Das ist belastend. Und die Fähigkeit, diese Belastung auszuhalten, hat auch mit Resilienz zu tun, mit Widerstandskraft.

Resilienz ist ein Begriff, mit dem ich immer

wieder in Berührung gekommen bin. Manche Menschen schaffen es, auch unter widrigen Umständen zu blühen. Sie weichen dem Druck nicht aus, sie entfliehen der unangenehmen Situation nicht, sie leugnen das Schwere nicht, sie flüchten nicht in eine Scheinwelt. Mit einem Richtungssinn, einem Handlungssinn und einem Du-Sinn gehen sie durch schwierige Situationen. Richtungssinn heißt: zu wissen, in welche Richtung ich gehen möchte, welche Ziele und Wege mein Leben hat. Handlungssinn meint: einen Sinn für das zu besitzen, was ich entscheiden und gestalten kann, selbst wenn bestimmte Spielräume kleiner geworden sind. Du-Sinn bedeutet: das Interesse an den anderen nicht zu verlieren, um Hilfe zu bitten, wenn es notwendig ist, sich nicht in sich selbst hineinzukrümmen.

Resilienz ist jetzt gefragt, sagt die Therapeutin. *Die Krise hat vieles unplanbar und unvorhersagbar gemacht. Wir wissen nicht, wie es weitergeht. Wir haben viel an Lebenssicherheit verloren.*

Das ist doch eine Charakterisierung von Seelsorge, sage ich, *Stärkung der Lebenssicherheit von Menschen.*

Das ist mein Beruf, sagt die Therapeutin. Ich will Menschen stärken. Sie aus der Angst herausbegleiten.

Manche Ängste sind wichtig und richtig, meine ich.

In der Tat! Die Grenze zu ziehen ist schwer. Neulich kommt eine Ärztin zu mir. Sie sagt: Ich habe Angst. Ich will erwidern: Angst ist die Mutter von Gewalt und Ratlosigkeit. Die Ärztin hat wohl erraten, was ich sagen will, und meint: Ich weiß, dass Angst die Schwester der Enge und der Lähmung ist. Ja, habe ich gesagt, Angst macht eng. Aber manche Räume, in denen wir leben, sind eng geworden. Und die Ärztin wird deutlicher: Deswegen habe ich Angst. Ich gehe ins Krankenhaus und weiß, dass ich wieder Sterbende sehen werden. Ich werde Erschöpfte sehen und Ratlose und Menschen, die verzweifelt sind, weil es an allem, was wir dringend brauchen, mangelt. Ich gehe ins Krankenhaus und weiß, dass jeder Arbeitstag mein letzter für eine lange Zeit sein könnte. Ich gehe ins Krankenhaus und weiß nicht, wie lange ich das noch machen kann.

Die Therapeutin schweigt.

Verstehst du, ich suche Sätze, die Halt geben; ich suche Fragen, die Fenster öffnen. Ein solcher Satz ist der Satz „Manchmal müssen wir re-signieren, eine neue Unterschrift unter unseren Vertrag mit dem Leben setzen".

Auf einmal sehe ich vor meinem inneren Auge die Therapeutin als Satzmacherin. Eine Satzmacherin ist damit beschäftigt, Sätze zu schmieden, Sätze zu häkeln, Sätze aus Stein zu hauen. Was jetzt, wirst du fragen. Werden Sätze nun geschmiedet oder gehäkelt oder geschlagen? Die Antwort wird wohl lauten: es kommt auf den Satz an. Manche Sätze muss man schmieden, sie sind aus festem Material gemacht, man muss sie zurechtbiegen. Manche Sätze muss man aus Stein hauen, die überflüssigen Wörter lösen sich nur ungerne ab. Andere Sätze muss man backen, wie man einen Kuchen bäckt, aus verschiedenen Zutaten. Eine gute Therapeutin ist wie eine Satzmacherin.

Die Rede von Königin Elisabeth von England im April war sehr schön, sagt die Therapeutin schließlich. *Da hat diese vierundneunzigjährige Dame Sätze geformt, die Kraft geben. Erinnerst du dich?*

Ich erinnere mich gut. Die kurze Rede hat Eindruck auf mich gemacht. Queen Elizabeth hat zuerst anerkannt, was ist. Das Elend also. Dann hat sie denjenigen gedankt, die an vorderster Front stehen, den Menschen in Gesundheitsberufen. Dann hat sie sich bei allen bedankt, die sich an den Vorsichtsmaßnahmen beteiligen (denn tatsächlich kann diese Krise nur überwunden werden, wenn alle mitmachen). Im nächsten Schritt hat sie einen interessanten Gedankengang geöffnet: Wie werden wir uns dereinst an unser Verhalten hier und heute erinnern? Dieser Gedanke ist kraftvoll, weil er das Jetzt aus einer weiten Perspektive sehen lässt. Die Königin spricht dann von der Möglichkeit, diese Zeit als Gelegenheit zum ernsthaften Nachdenken zu nutzen, und kommt dann auf ihre eigene erste Radioansprache als vierzehnjähriges Mädchen zu sprechen, als sie im Jahr 1940 den Menschen Mut machen wollte. Das Ende der Rede war besonders kraftvoll: „We should take comfort that while we may have more still to endure, better days will return: we will be with our friends again; we will be with our families again; we will meet again" (wir sollten uns mit dem Gedanken trösten, dass, selbst wenn wir noch einiges zu ertragen haben, die besseren Tage zurückkehren werden. Wir werden wieder mit unseren Freunden sein. Wir werden wieder mit unseren Familien vereint sein. Wir werden wieder zusammenkommen).

Diese Rede hat etwas Therapeutisches, sagt meine Gesprächspartnerin. Und dann sagt sie unvermittelt: *Wir tun uns so schwer mit dem Tragischen.*

Du meinst, was wir erleben, ist tragisch?, frage ich.

Du bist doch der Philosoph, sagt sie. *Das Tragische ist das Vermeidbare und gleichzeitig Unausweichliche, die Dynamik, die in die Ohnmacht und zu unwiederbringlichem Verlust führt und in den Satz „Es wird nicht mehr so sein wie zuvor".*

Der Satz tut weh, sage ich. *Der Satz „Es wird nicht mehr so sein wie zuvor".*

Für mich ist das ein Reifungssatz, sagt die Therapeutin. *Es ist ein Satz, der einen Abschluss finden lässt. Und der auch ehrt, dass das, was von uns gegangen ist, kostbar war.*

Ich habe diesen Satz nach dem Tod meines Vaters gesprochen, gestehe ich ein.

Siehst du. Es ist ein Satz, der das Neue vorbe-
reitet.

Wir müssen also den guten Umgang mit dem Tragischen einüben, denke ich mir. Und da fällt mir etwas ein.

Hast du einmal den Roman „Die Stadt der Blinden" von José Saramago gelesen?, frage ich.

Natürlich. Er beschreibt eine Stadt, in der auf einmal eine ansteckende Blindheit ausbricht; mehr und mehr Menschen erblinden, werden als Verzweifelte und Verwirrte in eine Anstalt ge-bracht, dort bewacht, immer mehr Menschen kommen dazu, das Elend wird immer größer. Im-mer mehr Menschen erblinden, Chaos bricht aus. Ja, ich erinnere mich.

Und die beiden Hauptfiguren, sage ich, *sind ein Arzt, der auch erblindet, wohl in Ausübung seines Berufs, und seine Frau.*

Die Frau ist die Sehende, nicht wahr?

Ja, sie ist als Einzige in der Anstalt, wo sie al-le zusammengepfercht sind, nicht erblindet und kümmert sich um die anderen, die aber nicht merken dürfen, dass sie sehen kann, weil sie sonst nicht mehr frei agieren kann.

Was willst du damit sagen?

Ich muss kurz überlegen. Dann sage ich: *Ist es nicht ein Bild für die therapeutische Arbeit, sehend zu sein, sich nicht von der Blindheit anstecken zu lassen, aber das eigene Sehen demütig und klug zu verbergen?*

Ist das nicht eher das Bild für die Arbeit der Philosophinnen und Philosophen?

Ich glaube, es ist bezeichnend, dass die Frau in Saramagos Roman gerade nicht eine offiziell Sehende war. Sie ist vor allem „die Frau des Arztes". So werden in einer Zeit einer ansteckenden Krankheit, einer neuen sozialen Situation die Kategorien „blind" und „sehend" neu verteilt.

Wir sind uns einig: Es braucht diejenigen, die sich ihr Augenlicht bewahren, wenn mehr und mehr in die Dunkelheit fallen. Und das sind vielleicht gerade nicht diejenigen, von denen man es erwarten würde. Mit dem Tragischen gut umzugehen heißt zu lernen, in der Dunkelheit zu sehen. Oder auch: sich von der Dunkelheit nicht anstecken zu lassen.

Eine Geschichte ist eine
Einladung zu einer Reise

Ich lese in Giovanni Boccaccios „Decamerone" aus dem 14. Jahrhundert, geschrieben zu einer Zeit, als in Europa die Pest wütete. Eine Gruppe von sieben Frauen und drei Männern flieht aus dem pestgeplagten Florenz und zieht sich zwei Wochen in ein verlassenes Landhaus zurück. In dieser Zeit, die einer Quarantäne gleicht, erzählen sie einander Geschichten. Jedes Mitglied der Gruppe kommt an die Reihe, so entstehen hundert Geschichten. Allein das ist ein großartiges Projekt: Geschichten gegen die Angst, Geschichten gegen die Langeweile, Geschichten gegen die Trübsal. Ich stolpere auch über den berühmten Satz: „Die Pest ließ die Herzen der Menschen erstarren. Der Bruder verließ den Bruder, der Oheim seinen Neffen, die Schwester den Bruder und häufig auch die Frau ihren Gatten. Ja, was fast unglaublich ist: Väter und Mütter vermieden es, ihre Kinder zu pflegen, als ob sie Fremde wären."

Das ist natürlich eine bittere Wahrheit, dass Menschen, wenn sie vom Elend überwältigt werden, abstumpfen, verhärten, erkalten, erstarren. Geschichten können hier die Aufmerksamkeit schärfen, das Herz wärmen, den Geist beweglich halten. Franz Kafka hat in einem Brief an Max Brod geschrieben: „Ein Buch muss die Axt sein für das gefrorene Meer in uns." Das gilt wohl auch für Geschichten. Die Geschichten, die wir uns erzählen können, können unsere Herzen vor der Erstarrung bewahren. Was fällt einem Geschichtenerzähler ein? Ich mache mich auf den Weg.

Guten Morgen, sage ich höflich.

Der Geschichtenerzähler sitzt am Fenster und blickt hinaus. Er sagt kein Wort.

Guten Morgen, wiederhole ich, eine ganz kleine Spur weniger höflich.

Der Geschichtenerzähler rührt sich nicht.

Das ist kein guter Anfang für eine Geschichte, bemerke ich frech.

Als er das Wort „Geschichte" hört, zuckt er zusammen und wendet sich mir zu.

Entschuldige, meine Gedanken haben mich in eine weite Welt entführt, sagt er.

Also, guten Morgen, sage ich ein drittes Mal, damit wir in geordneter Weise beginnen können.

Guten Morgen, sagt der Geschichtenerzähler, *was führt dich zu mir?*

Wir brauchen Geschichten gegen die Krise, sage ich. *Geschichten gegen das Erstarren der Herzen.*

Natürlich brauchen wir das.

Es war einmal eine Fee, die des Wünschens überdrüssig war, beginnt der Geschichtenerzähler. *Nennen wir sie die erschöpfte Fee. Sie saß vor ihrem Feenschloss auf der Bank, auf der müde Feen sitzen. Neben ihr stand ein leerer Korb. Der Korb war voll gewesen mit Wunscherfüllungen. Immer wieder war sie ausgeschickt worden, um Wünsche zu erfüllen. Sie war zu den Menschen gegangen und hatte sie nach ihren Sehnsüchten gefragt. Und jedes Mal war den Menschen etwas eingefallen. Ihre Augen leuchteten, ihre Herzen waren aufgegangen, als sie ihre Wünsche aufzählten. Die Menschen hatten sich Fernreisen* gewünscht und Kreuzfahrten und Städteurlaube und exotische Waren und seltene Güter und Glitzer und Gold. Und die Fee hatte diese Wünsche erfüllt. Der Korb, der einmal voll gewesen war, war nun leer geworden. Und gleichzeitig schwerer. Denn jeder erfüllte Wunsch hatte eine unsichtbare Last in den Korb gelegt – die Last der Umweltzerstörung, die Last der weltweiten Ungleichheit, die Last der verringerten Lebensmöglichkeiten der Enkelkinder der Enkelkinder. Jeder Wunsch, auch wenn die Erfüllung geschenkt war, hat einen Preis. Und irgendwann war der Preis zu hoch geworden, der Korb zu leer und doch zu schwer.

Da beschloss die Fee, den Spieß umzudrehen. Sie sagte sich: Nun habe ich drei Wünsche frei. Sie wollte zu drei Menschen gehen und jeweils einen Wunsch äußern. Sie schleppte sich also zur ersten Person. Sie kam erschöpft an, und es kostete sie eine ganze Menge, einen Wunsch zu äußern. Wünsche haben ihren Preis! Sie traf auf eine Geschäftsfrau, die dabei war, ihr Geld zu zählen. Sie war offensichtlich besorgt. Darf ich mir etwas wünschen?, fragte die Fee. Die Frau blickte unwirsch auf: Jetzt ist kein guter Zeitpunkt, liebe Fee. Ich habe viel

Geld verloren. Aber ich habe dir in der Vergangenheit Wünsche erfüllt, sagte die Fee. Du hattest doch damals den Wunsch mit der fetten Dividende? Die Frau musste zugeben, dass ihr die Fee tatsächlich seinerzeit einen Geldregen beschert hatte. Was willst du also?, fragte sie misstrauisch. Ich wünsche mir, dass ich den Sonnenaufgang sehen kann, sagte die Fee. Die Frau war verdutzt. Aber das ist doch selbstverständlich. Das musst du dir nicht wünschen. Die Sonne geht jeden Tag auf.

Die Fee lächelte und ging weiter. Sie fühlte sich schon ein wenig kräftiger. Wünsch dir das, was selbstverständlich scheint, und es stellt sich Dankbarkeit ein.

Sie ging weiter zu einem Mann, der eben dabei war, ein Medikament einzunehmen. Er sah krank aus. Darf ich mir etwas wünschen? Jetzt ist kein guter Zeitpunkt, liebe Fee. Ich bin krank. Aber ich habe dir doch in der Vergangenheit Wünsche erfüllt, sagte die Fee. Du wolltest doch so gerne reisen. Der Mann musste zugeben, dass ihm die Fee tatsächlich schöne Reisen beschert hatte. Auf einer solchen Reise war er dann auch krank geworden. Was willst du also, fragte er vorsichtig. Ich wünsche mir, dass ich den Sonnenuntergang sehen kann, sagte die Fee. Der Mann war verwirrt. Ich habe bei meinen Reisen viele schöne Sonnenuntergänge erlebt. Und diese Sonnenuntergänge sind nun alle in dir, sagte die Fee – schöne Erinnerungen wirken wie ein Medikament, wenn du es in der richtigen Dosis einnimmst. Der Mann nickte. Ich wünsche mir, dass ich den Sonnenuntergang sehen kann, sagte die Fee noch einmal. Der Mann seufzte ungeduldig. Das brauchst du dir nicht zu wünschen, du brauchst nur hinzuschauen. Und er zog den Vorhang auf, denn es war tatsächlich schon Abend geworden und die Sonne war am Untergehen.

Die Fee lächelte und ging weiter. Sie fühlte sich schon ein wenig kräftiger. Du musst nur hinschauen! Wünsch dir etwas, bei dem du nur lernen musst, zu sehen und zu schauen. Und es wird Freude zu dir kommen.

Die Fee ging schließlich zu einem Kind, das eben damit beschäftigt war, gelangweilt zu sein. Es konnte ja das Haus nicht verlassen und vermisste seine Freunde. Darf ich mir etwas wünschen?, fragte die Fee. Jetzt ist kein guter Zeitpunkt, liebe Fee. Ich langweile mich. Aber ich habe dir doch schon Wünsche erfüllt, sagte die Fee, du wolltest doch so gerne Spielsachen. Das Kind musste zugeben, dass ihm die Fee schöne Spielsachen geschenkt hatte. Was willst du also?, fragte das Kind neugierig. Ich wünsche mir, dass ich mir von dir etwas wünschen darf, sagte die Fee triumphierend. Aber das tust du doch schon, sagte das Kind. Was willst du haben, liebe Fee?

Die Fee lächelte und blieb stehen. Ich wünsche mir nichts; nur das Wünschen. Ich will zu dir kommen können und einen Wunsch äußern. Aber das führt ja zu nichts, sagte das Kind altklug. Die Fee widersprach: Wir reden doch schön miteinander. Das können wir auch ohne Wünschen, sagte das Kind. Dieser Satz machte die Fee doppelt glücklich. Einmal, weil wir miteinander reden können, ohne etwas zu wollen. Und dann, weil die Möglichkeit, sich etwas wünschen zu können, die Freiheit mit sich bringt, sich nichts wünschen zu müssen. Das dachte die Fee bei sich, ich konnte ihr aber nicht ganz folgen.

Wunschlos wünschend ging die Fee in ihr Feenschloss zurück – und wenn sie nicht verwunschen wurde, lebt sie dort noch heute.

Doch nein! So einfach endet die Geschichte nicht.

Als die Fee kurz vor ihrem Schloss ist, kommt ihr ein Mensch entgegen. Vielleicht bist es du. Es ist ein Mensch, der um einen Menschen trauert, der in der Krise verstorben ist. Der traurige Mensch kommt auf die Fee zu: Liebe Fee, ich wünsche mir, dass dieser liebe Mensch wieder gesund vor mir steht! Der Wunsch machte die Fee traurig; nicht erschöpft-traurig, sondern kraftvoll-traurig. Das kann ich dir nicht geben, sagte die Fee. Aber ich kann dir etwas anderes geben – wir können tauschen: Ich gebe dir etwas von der Freude, die mir drei Menschen eben gemacht haben, und du gibst mir etwas von deiner Trauer. Und so geschah es. Und siehe da: Die Freude der Fee wurde durch die Trauer tiefer und die Trauer des Menschen wurde durch die Freude voller. Und beide, der trauernde Mensch und die freudvolle Fee, setzten sich auf die Bank vor dem Feenschloss.

Der Geschichtenerzähler verstummt.

Das ist eine schöne und auch traurige Geschichte, sage ich, *danke!*

Wir schweigen ein wenig. Eine Geschichte muss nachwirken.

Allzu lange halte ich es nicht aus.

Kannst du mir noch eine Geschichte erzählen, wie wir hierhergekommen sind, in diese schwierige Lage, in diese Krise?

Fast über Nacht fanden wir uns in einem neuen Land, beginnt der Geschichtenerzähler. *„Fragilien" stand am Grenzübergang. Es war so schnell gegangen, wir hatten vielleicht nicht einmal das Schild gesehen. Wir hatten unser Land verlassen müssen; die Reise war nicht anstrengend, sie war fast unmerklich, wir konnten uns kaum erinnern, gereist zu sein. Anstrengend wurde es erst im neuen Land, im Land, in dem so vieles anders war. Fragilien ist ein Land, in dem alles zerbrechlich ist. Wir hatten Arbeit in unserem vertrauten Land, in Fragilien ist vielen die Arbeit zerbrochen; wir konnten uns frei bewegen in unserem gewohnten Leben, in Fragilien ist die Freiheit eingeschränkt. Wir konnten uns seinerzeit umarmen und einander berühren, im Exil in Fragilien mussten wir Distanz halten, denn auch die Menschen waren zerbrechlich geworden.*

Vieles in Fragilien ist aus Glas gemacht; zwischen den Menschen und den Häusern sind glä-

serne Wände eingezogen. Man sieht sie kaum, aber man weiß, sie sind da. Und dieses Wissen macht Angst und durch die Angst werden die gläsernen Wände größer. Immer größer. Das Glas wächst mit der Angst.

Gibt es denn kein Mittel gegen das Glas, wirst du mich fragen. Und ich kann dir sagen: Manche haben versucht, das Glas zu zerstören, es zu zerschlagen, drauflos zu hämmern. Aber je mehr sie geschlagen haben, desto mehr Glas hat sich breitgemacht. Fragilien glich mehr und mehr einem gläsernen Sumpf, einer gläsernen Wüste, einem Ozean aus Glas.

Und was hat dann schlussendlich geholfen, wirst du wissen wollen?

Das schlichte Wort, das du brauchst, ist nicht Zorn und nicht Gewalt und nicht Erfolg und nicht Macht. Sondern: Zärtlichkeit. Ein kleines Kind ist dem Glas auf die Schliche gekommen; es hat das Glas sanft gestreichelt, wie man eine Katze streichelt – und das hat das Glas zum Schmelzen gebracht.

In der Tat: Sanftheit war der Weg zum guten Leben in Fragilien. Das Glas schmolz wie Eis *schmilzt und bewässerte die Felder. Und das Wasser füllte den Fluss und die Menschen bestiegen ein Boot und das Boot brachte sie ...*

Der Geschichtenerzähler stockte.

Das Boot brachte die Menschen in ihr vertrautes Land zurück, sage ich. *Und sie waren wieder daheim.*

Eben nicht, sagt der Geschichtenerzähler. *Das Boot brachte sie in ein neues Land; von diesem Land aus konnte man nach Fragilien schauen und auch die Berge der Heimat in der Ferne erkennen.*

Ich würde gerne wissen, wie es den Menschen in ihrem neuen Land ergangen ist, aber der Geschichtenerzähler deutet an, dass die Geschichte hier zu Ende ist. So kann ich für mich die Geschichte weiterspinnen. Eine Geschichte kann sich, so scheint es, nur weitererzählen, wenn sie zu einem Ende kommt.

Eine letzte Geschichte noch, bitte ich den Geschichtenerzähler. *Erzähl mir bitte eine Geschichte über das Hoffen.*

Nun gut, sagt er, *pass auf: Es war einmal ein Mann, der wollte das Hoffen lernen. Er ging zum*

Gärtner. Warum?, wirst du fragen. Ganz einfach: Weil der Gärtner sein Nachbar war. Der Gärtner hatte gerade Zeit. Es war nämlich Winter. Ich möchte das Hoffen lernen, sagte der Mann. Der Gärtner freute sich. Das ist gut! Der Winter ist eine gute Zeit, das Hoffen zu lernen. Was meinst du?, fragte der Mann. Nun, schau diesen Baum dort an. Der Mann tat es – er sah einen kahlen Baum, der von Schnee bedeckt war. Es konnte einem schon beim Hinschauen kalt werden. Ich verstehe nicht, sagte der Mann dann. Es ist ganz einfach, sagte der Gärtner: Der Frühlingsbaum mit seiner Blütenpracht schenkt dir Freude; der Sommerbaum mit seinen Früchten schenkt dir Fülle; der Herbstbaum mit seinem Farbenspiel schenkt dir Trost. Der Winterbaum allein kann dir die Hoffnung schenken – du schaust ihn an und siehst die Blüten und die Früchte und die bunten Blätter. Und dieses Sehen nennen wir Hoffen.

Der Mann war beeindruckt, glaubte es aber nicht so recht.

Komm mit, sagte der Gärtner deswegen zu ihm und führte ihn in sein Haus. Das Wohnzimmer war der Raum der Gemütlichkeit, die Küche war der Raum der Gastfreundschaft, das Schlafzimmer war der Ort der Ruhe. So kannst du Gemütlichkeit, Gastfreundlichkeit und Ruhe lernen, sagte der Gärtner. Aber ich will das Hoffen lernen, sagte der Mann. Dann müssen wir in diese Rumpelkammer, sagte der Gärtner. Er führte den Mann in eine Kammer und schloss die Tür. Es war dunkel, nur durch eine Ritze drang ein kleiner Lichtstrahl. Dieser kleine Lichtstrahl verhinderte, dass der Raum ganz dunkel war. Durch einen Spalt drang die Helligkeit einer anderen Welt in die Enge der dunklen Kammer.

Der Gärtner öffnete die Tür und ließ seinen Nachbarn aus dem dunklen Raum heraustreten.

Ich bin so froh, dass ich wieder im Tageslicht bin, sagte der Mann. Ich habe mich nach diesem Moment gesehnt, ich habe mich auf diesen Moment gefreut.

Das verstehe ich gut, sagte der Gärtner. Hoffen lernst du, wenn du den Lichtspalt im Dunklen siehst.

Nun hatte der Mann begriffen.

Auch ich habe etwas begriffen; ich bedanke mich bei meinem Gastgeber. Und nun ist es für mich Zeit geworden, den Geschichtenerzähler zu verlassen und ins Freie zu gehen.

Warten ist Arbeit

Ich treffe die Mystikerin vor ihrer Einsiedelei. Sie tut nichts. Es ist anstrengend, nichts zu tun. Ich warte ein wenig. Es ist auch anstrengend, zu warten.

Warten ist Arbeit, sagt die Mystikerin nach einiger Zeit. *Echtes Warten ist echte Arbeit für die Seele.*

Arbeit ist Kraft mal Weg, erinnere ich mich aus dem Physikunterricht.

Eben. Wie anstrengend ist es doch, wenn der Weg „Stehen in der Stille" ist, „Stillstand".

Wer weiß, was sich in der Seele tut, während wir warten, sage ich. *Dieser Gedanke hat mich getröstet, als mein Vater vor seinem Tod nicht mehr ansprechbar war. Wer weiß, was sich in seinem Innersten ereignet hat, was hier gewachsen ist, welche Dramen sich abgespielt haben* oder auch welcher Friede langsam eingezogen ist ...

Die letzten Tage im Leben eines Menschen bringen häufig die Notwendigkeit des Wartens mit sich.

Die Krise hat viele letzte Tage, murmele ich. *Der letzte Tag vor der Schließung der Schulen, der letzte Tag vor dem Herunterfahren der Betriebe, der letzte Tage vor dem Erlass, zuhause zu bleiben.*

Spätestens dann beginnt die Arbeit des Wartens, sagt die Mystikerin.

Warten bedeutet: einer Änderung entgegensehen; sich innerlich ausstrecken nach Neuem.

So kann man es sehen, erwidert die Mystikerin. *Warten ist ein Blick in die Dunkelheit, die dann zur Dämmerung wird.*

Für viele ist Warten ein unerträgliches Zwischen-Sein, sage ich. *Es ist ein „Dazwischen", zwischen einem „Nicht mehr" und einem „Noch nicht"; es ist ein Schwellenzustand, ein Stehen an einer Schwelle zwischen zwei Räumen.*

Jede Krise ist eine Schwelle. Sie schenkt eine Schwelle, wo vorher glatter Boden war. Sie schenkt Unebenheiten, wo Ebene war, einen Berg, wo vorher Tal war.

Da kehrt sich ja das biblische Wort des Prophe-
ten Jesaja um, wenn er in seiner Verheißung des
Heiles sagt: „Jeder Berg und Hügel soll sich senken.
Was krumm ist, soll gerade werden, und was hüg-
lig ist, werde eben" (Jesaja 40,4).

Damit das Hügelige eben werden kann, muss
zuerst einmal Ebene dem Hügel weichen, sagt die
Mystikerin.

Die Krise ist also Schwelle zwischen Heil und
Unheil, zwischen „krumm" und „gerade", zwischen
„Hügel" und „Ebene", sage ich.

Eine Krise ist Schwelle und deswegen hat sie
nicht nur viele letzte Tage, sondern auch viele
erste Tage. Der erste Tag nach der Öffnung der
Schulen, der erste Tag nach dem Aufnehmen der
Arbeit in den Betrieben, der erste Tag nach dem
Verlassen der Häuser.

Wir sind von diesem Bild des ersten Tages so ge-
fangen genommen, dass das Warten unerträglich
werden kann, vermute ich.

Warten ist Arbeiten, aber auch Kunst. Es ist
Teil der Kunst des guten Wartens, nicht mit zu
engen Bildern zu stehen, nicht mit zu klar defi-
nierten Vorstellungen auf das Neue zuzugehen.

Gleichzeitig gibt die Hoffnung auf einen neuen Raum jenseits der Schwelle auch Kraft auszuharren.

Die Mystikerin schweigt. Ich warte auf ihr nächstes Wort. Es ist anstrengend zu warten. Es ist auch anstrengend zu schweigen.

Die Kraft muss auch aus dem Warten selbst kommen, sagt die Mystikerin schließlich. *Sie muss auch aus der Schwelle kommen, nicht allein aus dem „Jenseits der Schwelle".*

Das Leben wartet nicht. Warten ist Leben.

So ist es: Warten ist Leben. Und auch: echtes Leben, tiefes Leben, erfülltes Leben.

Ich habe einen Hauch von Leidenschaft in den Worten der Mystikerin verspürt. Warten ist Leben! Mir fällt der „Brief an die Verbannten" ein, der im Kapitel 29 des Propheten Jeremia im Alten Testament zu finden ist. Es ist ein kurzer Text, in dem sich der Prophet an das Volk im Exil wendet. Er schenkt ihnen ein Wort Gottes in dieser misslichen Situation, nachdem das Volk von Jerusalem nach Babel verschleppt worden war und nun auf Befreiung und Heimkehr wartet. Warten ist Leben! Das ist auch eine Botschaft in diesem Text.

In einem Schlüsselwort fordert Gott die Verbannten auf: „Baut Häuser und wohnt darin, pflanzt Gärten und esst ihre Früchte!" (Jeremia 29,5) Das Wort ist kraftvoll – jetzt ist Leben; auf der Schwelle ist Leben; im Warten ist Leben. Warten ist Leben.

Warten ist Leben, sage ich also. *So wie es der Prophet Jeremia im Exil, in der Verbannung ausdrückt: „Baut Häuser und wohnt darin, pflanzt Gärten und esst ihre Früchte!"*

So ist es, sagt die Mystikerin. *Das Warten soll Bleibendes schaffen, ein Haus. Die Schwelle soll zum Ort der Fruchtbarkeit werden.*

Viele fragen sich natürlich: Wie kann aus dem schier unermesslichen Leid Frucht kommen?

Wieder schweigt die Mystikerin.

Ich denke an die Mutlosen und die Verzweifelten, die Menschen, die Angehörige betrauern, die vielen, die Angst haben, weil sie nicht wissen, wie es weitergehen soll.

Die Krise hat Existenzen vernichtet, sage ich.

Existenzen werden verändert, nicht vernichtet, sagt die Mystikerin.

Zehntausende Menschen sind gestorben!

Der Tod ist Verwandlung, nicht Vernichtung, sagt meine Gesprächspartnerin leise. Nach längerem Schweigen fährt sie fort: *Wir müssen doch alle verstehen: Es konnte so nicht weitergehen.*

Was meinst du?

Es konnte doch so nicht weitergehen mit Wachstum und Steigerung und Ausweitung und Bewegung und mehr Bewegung und noch mehr Wachstum. Es kann nicht so weitergehen. Der Planet stöhnt. Millionen armer Menschen stöhnen. Es konnte doch so nicht weitergehen.

Aber wieder sind die armen Menschen besonders betroffen, sage ich.

Eben: Es kann so nicht weitergehen.

Wenn es stimmt, denke ich bei mir, wenn es stimmt, dass vor der Krise tagtäglich zweihunderttausend Flugzeuge in der Luft waren – da muss man sich schon fragen: Wo wollen sie alle hin, wo kommen sie alle her, wie notwendig sind diese Reisen?

Wenn es nicht so weitergehen kann, dann darf Warten nicht heißen: Wir warten darauf, dass alles wieder so weitergeht wie zuvor. Jenseits der Schwelle darf nicht diesseits der Schwelle sein.

Deswegen ist Warten auch Arbeit, sagt die Mystikerin. *Und deswegen ist die Schwelle auch Geschenk, auch Gabe, Gabe und Aufgabe.*

Es fällt schwer, das Virus als Geschenk zu sehen, sage ich ehrlich.

Ja, das ist schwere Arbeit, sagt die Mystikerin. *So wie das Warten. Warten auf die Einsicht.*

Nachwort

Just zum Zeitpunkt, als ich dieses kleine Buch abgeschlossen habe, hat mich eine Nachricht von einem jungen Paar erreicht, das sich verlobt hat – nach einem Antrag mit einem Ring, wie es sich gehört. Sie haben sich auf einer Exkursion nach Ostafrika kennengelernt, dann hat ein Schritt den anderen ergeben. Sie haben mir ein Bild geschickt, sie sehen glücklich aus. Glücklich mitten in der Krise.

Was ich damit sagen will? Es gibt sie, die Liebe in Zeiten der Krise. Man mag sich an Gabriel García Márquez erinnern, der mit dem Roman „Die Liebe in den Zeiten der Cholera" (El amor en los tiempos del cólera) Weltliteratur geschaffen hat. Liebe in Zeiten der Krise gibt Mut zur Hoffnung. Die Krise hat das junge Paar näher zusammenrücken lassen. In einer Krise kann sich ein Wille zum Miteinander neu formen, weil es ohne ein neues „Wir" nicht geht. Dabei muss ich zugeben, dass zum jetzigen Zeitpunkt eine Exkursion nach Ostafrika nicht möglich wäre – die Freiheit der Nichtkrisenzeiten ist auch hilfreich für die Liebe!

Natürlich ist Liebe in Zeiten einer Krise verwirrend; Albert Camus hat die Opfer, die die Liebe in einer Krise erzwingt, eindrucksvoll in seinem Werk „Die Pest" (La Peste) geschildert.

Warum ich über die Liebe schreibe?

Weil es immer gut ist, über das Wichtigste und Tiefste zu schreiben. Aber auch: weil ich mir Sorgen mache um die Angst. Angst macht eng und lähmt, bringt Menschen auseinander und gegeneinander auf. Angst ist in vielerlei Hinsicht das Gegenteil von Liebe, die weit macht und mutig und stark. Angst ist wie Gift, das schleichend wirkt. Die Angst vor Begegnungen im öffentlichen Raum, die Angst vor Besucherinnen und Besuchern, die „von außen" kommen; die Angst vor Kontakten.

Manche Menschen leiden an einer Krankheit, manche Menschen leiden an der Angst vor der

Krankheit. Manche Menschen sterben an einer Krankheit, manche Menschen sterben an der Angst vor der Krankheit.

Aus der Angst heraus können wir nicht leben.

Wir werden neue Wege des Miteinander finden; wir brauchen außergewöhnliche Weite und außergewöhnlichen Mut. Wenn Tradition bewahrter Fortschritt ist, ist Alltag verfestigte Ausnahmesituation. Wir werden an einem neuen Alltag bauen, der nicht auf Angst gegründet ist. Wir werden außergewöhnliche Solidarität und außergewöhnliche Achtsamkeit zum Alltag machen. Wir werden zuvorkommende Rücksicht entwickeln. Wir werden selbst erstaunt sein, was alles möglich ist, wenn wir aus dem Geist der Liebe heraus handeln und leben. Hoffentlich.

Clemens Sedmak, geb. 1971, ist Philosoph, Gesellschafts-
wissenschafter und Theologe. Nach Professuren an der Uni-
versität Salzburg sowie am King's College in London sowie
Gastprofessuren in Nairobi, Manila, Mexico City, Dublin,
Jena und Wien lehrt er nun Sozialethik an der University of
Notre Dame (USA). Der Vater dreier Kinder ist Autor zahl-
reicher Bücher, die sich mit den Fragen nach dem Sinn des
Lebens beschäftigen.
Bei Tyrolia sind u. a. erschienen:

Das Gute leben. Von der Freundschaft mit sich selbst
5. Auflage, 122 Seiten

Ans Herz gelegt. Die vielen Sprachen der Liebe
171 Seiten

Das Land, in dem die Wörter wohnen
135 Seiten